As regras do método sociológico

COLEÇÃO SOCIOLOGIA
Coordenador: Brasilio Sallum Jr. – Universidade de São Paulo

Comissão editorial:
Gabriel Cohn – Universidade de São Paulo
Irlys Barreira – Universidade Federal do Ceará
José Ricardo Ramalho – Universidade Federal do Rio de Janeiro
Marcelo Ridenti – Universidade Estadual de Campinas
Otávio Dulci – Universidade Federal de Minas Gerais

Dados Internacionais de Catalogação na Publicação (CIP)
(Câmara Brasileira do Livro, SP, Brasil)

Durkheim, Émile, 1858-1917
  As regras do método sociológico / Émile Durkheim ; tradução de Maria Ferreira. – Petrópolis, RJ : Vozes, 2019. – (Coleção Sociologia)

Título original : Les règles de la méthode sociologique
ISBN 978-85-326-6086-2

1. Sociologia – Metodologia I. Título II. Série.

19-24547   CDD-301.018

Índices para catálogo sistemático:
1. Metodologia : Sociologia   301.018
2. Métodos sociológicos   301.018

Cibele Maria Dias – Bibliotecária – CRB-8/9427

Émile Durkheim

As regras do método sociológico

Tradução de Maria Ferreira

Petrópolis

Título do original em francês: *Les règles de la méthode sociologique*
Tradução realizada a partir da edição digital da Biblioteca da Université
du Québec à Chicoutimi, 2002.

© desta tradução:
2019, Editora Vozes Ltda.
Rua Frei Luís, 100
25689-900 Petrópolis, RJ
www.vozes.com.br
Brasil

Todos os direitos reservados. Nenhuma parte desta obra poderá ser
reproduzida ou transmitida por qualquer forma e/ou quaisquer meios
(eletrônico ou mecânico, incluindo fotocópia e gravação)
ou arquivada em qualquer sistema ou banco de dados
sem permissão escrita da editora.

CONSELHO EDITORIAL

Diretor
Gilberto Gonçalves Garcia

Editores
Aline dos Santos Carneiro
Edrian Josué Pasini
Marilac Loraine Oleniki
Welder Lancieri Marchini

Conselheiros
Francisco Morás
Ludovico Garmus
Teobaldo Heidemann
Volney J. Berkenbrock

Secretário executivo
João Batista Kreuch

Editoração: Fernando Sergio Olivetti da Rocha
Diagramação: Mania de criar
Revisão gráfica: Nilton Braz da Rocha
Capa: Editora Vozes

ISBN 978-85-326-6086-2

Editado conforme o novo acordo ortográfico.

Este livro foi composto e impresso pela Editora Vozes Ltda.

Sumário

Apresentação da coleção, 13

Prefácio à primeira edição, 15

Prefácio à segunda edição, 19

Introdução, 35

Estado rudimentar da metodologia nas ciências sociais. Objeto da obra.

Capítulo I – O que é um fato social?, 37

O fato social não pode ser definido por sua generalidade no interior da sociedade. Caracteres distintivos do fato social:

1) Sua exterioridade em relação às consciências individuais.
2) A ação coercitiva que ele exerce ou é capaz de exercer sobre essas mesmas consciências. Aplicação dessa definição às práticas constituídas e às correntes sociais. Verificação dessa definição.

Outra maneira de caracterizar o fato social: o estado de independência em que ele se encontra em relação às suas manifestações individuais. Aplicação dessa característica às práticas constituídas e às correntes sociais. O fato social se generaliza porque é social, em vez de ser social porque é geral. Como essa segunda definição se encaixa na primeira.

Como os fatos de morfologia social se encaixam nessa mesma definição. Fórmula geral do fato social.

Capítulo II – Regras relativas à observação dos fatos sociais, 48

Regra fundamental: Tratar os fatos sociais como coisas.

I – Fase ideológica pela qual passam todas as ciências e no decorrer da qual elaboram noções vulgares e práticas, em vez de descrever e de explicar as coisas. Por que essa fase deveria ser ainda mais longa em Sociologia do que nas outras ciências. Fatos emprestados à sociologia de Comte, à de Spencer, ao estado atual da moral e da economia política e que mostram que esse estágio ainda não foi ultrapassado.

Razões para superá-lo:

1) Os fatos sociais devem ser tratados como coisas porque são os dados imediatos da ciência, ao passo que as ideias, das quais eles devem ser o desenvolvimento, não são diretamente dadas.

2) Todos eles têm os caracteres da coisa.

Analogias entre essa reforma com a que recentemente transformou a psicologia. Razões para esperar, no futuro, um rápido progresso da sociologia.

II – Corolários imediatos da regra precedente.

1) Eliminar da ciência todas as prenoções. Do ponto de vista místico que se opõe à aplicação dessa regra.

2) Como constituir o objeto positivo da pesquisa: agrupar fatos segundo seus caracteres exteriores comuns. Relações entre o conceito assim formado com o conceito vulgar. Exemplos dos erros aos quais se está exposto por negligenciar ou não aplicar corretamente essa regra: Spencer e sua teoria da evolução do casamento; Garofalo e sua definição do crime; o erro comum que recusa uma moral às sociedades interiores. Que a exterioridade dos caracteres que entram nessas definições iniciais não constitui um obstáculo às explicações científicas.

3) Além disso, esses caracteres exteriores devem ser os mais objetivos possível. Como proceder: apreender os fatos sociais pelo lado em que se apresentam isolados de suas manifestações individuais.

Capítulo III – Regras relativas à distinção entre o normal e o patológico, 75

Utilidade teórica e prática dessa distinção. Ela deve ser cientificamente possível para que a ciência possa servir na direção da conduta.

I – Exame dos critérios habitualmente empregados: a dor não é o sinal distintivo da doença, pois faz parte do estado de saúde; nem a diminuição das chances de sobrevivência, pois às vezes é produzida por fatos normais (velhice, parto etc.), e não resulta necessariamente da doença; além disso, esse critério é na maioria das vezes inaplicável, sobretudo em sociologia.

A doença distinguida do estado de saúde como o anormal do normal. O tipo médio ou específico. Necessidade de levar em conta a idade para determinar se o fato é normal ou não.

Como essa definição do patológico coincide, em geral, com o conceito habitual da doença: o anormal é o acidental; por que o anormal, em geral, constitui o ser em estado de inferioridade.

II – Utilidade na verificação dos resultados do método precedente buscando as causas da normalidade do fato, isto é, de sua generalidade. Necessidade de realizar essa verificação quando se trata de fatos relativos às sociedades que não consumaram sua história. Por que esse segundo critério só pode ser empregado de forma complementar e em segundo lugar.

Enunciado das regras

III – Aplicação dessas regras a alguns casos, principalmente à questão do crime. Por que a existência de uma criminalidade é um fenômeno normal. Exemplos dos erros que se cometem quando essas regras não são seguidas. A própria ciência torna-se impossível.

Capítulo IV – Regras relativas à constituição dos tipos sociais, 100

A distinção entre o normal e o anormal implica a constituição de espécies sociais. Utilidade desse conceito de espécie, intermediário entre a noção do *genus homo* e a de sociedades particulares.

I – O meio de constituí-los não é elaborando monografias. Impossibilidade de se obter sucesso por esse caminho. Inutilidade da classificação que seria assim construída. Princípio do método a ser aplicado: distinguir as sociedades a partir de seu grau de composição.

II – Definição da sociedade simples: a horda. Exemplos de algumas das maneiras como a sociedade simples se compõe consigo mesma e seus compostos entre eles.

No **interior** das espécies assim constituídas, distinguir algumas variedades consoante os segmentos componentes sejam coalescentes ou não.

Enunciado da regra

III – Como o que precede demonstra a existência de espécies sociais. Diferenças na natureza da espécie em biologia e em sociologia.

Capítulo V – Regras relativas à explicação dos fatos sociais, 112

I – Caráter finalista das explicações em uso. A utilidade de um fato não explica sua existência. Dualidade das duas questões, estabelecida pelos fatos de sobrevivência, pela independência do órgão e da função e pela diversidade de serviços que uma mesma instituição pode prestar sucessivamente. Necessidade da busca das causas eficientes dos fatos sociais. Importância preponderante dessas causas em sociologia, demonstrada pela generalidade das práticas sociais, inclusive as mais minuciosas.

A causa eficiente deve, portanto, ser determinada independentemente da função. Por que a primeira busca deve preceder a segunda. A utilidade desta última.

II – Caráter psicológico do método de explicação geralmente seguido. Esse método menospreza a natureza do fato social que, em virtude de sua definição, é irredutível aos fatos puramente psíquicos. Os fatos sociais não podem ser explicados senão pelos fatos sociais.

Como explicar que seja assim, ainda que a sociedade tenha por matéria apenas consciências individuais. Importância do fato da associação que dá origem a um ser novo e a uma ordem nova de realidades. Solução de continuidade entre a sociologia e a psicologia análoga àquela que separa a biologia das ciências físico-químicas.

Se essa proposição se aplica ao fato da formação da sociedade.

Relação positiva entre os fatos psíquicos e os fatos sociais. Os primeiros são a matéria indeterminada que o fator social transforma: exemplos. Se os sociólogos atribuíram a eles um papel mais direto na gênese da vida social é porque consideraram como fatos puramente psíquicos os estados de consciência que são apenas fenômenos sociais transformados.

Outras provas em apoio à mesma proposição:

1) Independência dos fatos sociais em relação ao fator étnico, o qual é de ordem orgânico-psíquica.

2) A evolução social não é explicável pelas causas puramente psíquicas.

Enunciado das regras a esse respeito. Como essas regras são desconhecidas, as explicações sociológicas têm um caráter demasiado geral que as desacredita. Necessidade de uma cultura propriamente sociológica.

III – Importância primária dos fatos de morfologia social nas explicações sociológicas; o meio interno é a origem de todo processo social de alguma importância. Papel particularmente preponderante do elemento humano desse meio. Portanto, o problema sociológico consiste sobretudo em encontrar as propriedades desse meio que têm uma maior ação sobre os fenômenos sociais. Dois tipos de caracteres correspondem particularmente a essa condição: o volume da sociedade e a densidade dinâmica medida pelo grau de coalescência dos segmentos. Os meios internos secundários; a relação deles com o meio geral e com o conjunto da vida coletiva.

Importância dessa noção do meio social. Quando rejeitada, a sociologia não pode mais estabelecer relações de causalidade, mas somente relações de sucessão, que não comportam a previsão científica: exemplos tomados de Comte e de Spencer. Importância dessa mesma noção para explicar como o valor útil das práticas sociais pode variar sem depender de arranjos arbitrários. Relação dessa questão com a dos tipos sociais.

Que a vida social assim concebida depende de causas internas. IV – Caráter geral dessa concepção sociológica. Para Hobbes, o vínculo entre o psíquico e o social é sintético e artificial; para Spencer e os economistas, ele é natural, mas analítico; para nós, ele é natural e sintético. Como esses dois caracteres são conciliáveis. Consequências gerais que deles resultam.

Capítulo VI – Regras relativas à administração da prova, 142

I – O método comparativo ou experimentação indireta é o método da prova em sociologia. Inutilidade do método denominado por Comte de histórico. Resposta às objeções de Mill quanto à aplicação do método comparativo à sociologia. Importância do princípio: *a um mesmo efeito sempre corresponde uma mesma causa.*

II – Entre os diversos procedimentos do método comparativo, por que o método das variações concomitantes é o instrumento por excelência da pesquisa em sociologia; sua superioridade:

1) Na medida em que alcança o vínculo causal a partir de dentro.

2) Na medida em que permite a utilização de documentos mais bem selecionados e criticados.

Por que a sociologia, por estar reduzida a um único procedimento, não se encontra em relação às outras ciências em um estado de inferioridade graças à riqueza das variações de que o sociólogo dispõe. Mas é necessário que sejam comparadas apenas séries contínuas e extensões de variações, e não variações isoladas.

III – Diferentes maneiras de compor essas séries. No caso em que seus termos possam ser emprestados de uma única sociedade. No caso em que é preciso emprestá-los de sociedades diferentes, mas de mesma espécie. No caso em que é preciso comparar espécies diferentes, pois esse caso é o mais geral. A sociologia comparada é a própria sociologia.

Precauções que devem ser tomadas para evitar certos erros no decorrer das comparações.

Conclusão, 155

Caracteres gerais desse método:

1) Sua independência em relação a qualquer filosofia (independência que é útil à própria filosofia) e em relação às doutrinas práticas. Relações da sociologia com essas doutrinas. Como ela permite dominar os partidos.

2) Sua objetividade. Os fatos sociais considerados como coisas. Como esse princípio domina todo o método.

3) Seu caráter sociológico: os fatos sociais explicados sem perder sua especificidade; a sociologia como ciência autônoma. Que a conquista dessa autonomia é o mais importante avanço que ainda resta à sociologia fazer.

Uma maior autoridade da sociologia assim praticada.

Apresentação da coleção

Brasilio Sallum Jr.

A *Coleção Sociologia* ambiciona reunir contribuições importantes desta disciplina para a análise da sociedade moderna. Nascida no século XIX, a Sociologia expandiu-se rapidamente sob o impulso de intelectuais de grande estatura – considerados hoje clássicos da disciplina –, formulou técnicas próprias de investigação e fertilizou o desenvolvimento de tradições teóricas que orientam o investigador de maneiras distintas para o mundo empírico. Não há o que lamentar o fato de a Sociologia não ter um *corpus* teórico único e acabado. E, menos ainda, há que esperar que este seja construído no futuro. É da própria natureza da disciplina – de fato, uma de suas características mais estimulantes intelectualmente – renovar conceitos, focos de investigação e conhecimentos produzidos. Este é um dos ensinamentos mais duradouros de Max Weber: a Sociologia e as outras disciplinas que estudam a sociedade estão condenadas à eterna juventude, a renovar permanentemente seus conceitos à luz de novos problemas suscitados pela marcha incessante da história. No período histórico atual este ensinamento é mais verdadeiro do que nunca, pois as sociedades nacionais, que foram os alicerces da construção da disciplina, estão passando por processos de inclusão, de intensidade variável, em uma sociedade mundial em formação. Os sociólogos têm respondido com vigor aos desafios desta mudança histórica, ajustando o foco da disciplina em suas várias especialidades.

A *Coleção Sociologia* pretende oferecer aos leitores de língua portuguesa um conjunto de obras que espelhe tanto quanto possível o desenvolvimento teórico e metodológico da disciplina. A coleção conta com a orientação da comissão editorial, composta por profissionais relevantes da disciplina, para selecionar os livros a serem nela publicados.

A par de editar seus autores clássicos, a *Coleção Sociologia* abrirá espaço para obras representativas de suas várias correntes teóricas e de suas especialidades, voltadas para o estudo de esferas específicas da vida social. Deverá também suprir as necessidades de ensino da Sociologia para um público mais amplo, inclusive por meio de manuais didáticos. Por último – mas não menos importante –, a *Coleção Sociologia* almeja oferecer ao público trabalhos sociológicos sobre a sociedade brasileira. Deseja, deste modo, contribuir para que ela possa adensar a reflexão científica sobre suas próprias características e problemas. Tem a esperança de que, com isso, possa ajudar a impulsioná-la no rumo do desenvolvimento e da democratização.

Prefácio à primeira edição

Estamos tão pouco habituados a tratar os fatos sociais cientificamente que algumas das proposições contidas nesta obra podem surpreender o leitor. Todavia, se existe uma ciência das sociedades, deve-se esperar que ela não consista em uma simples paráfrase dos preconceitos tradicionais, mas nos mostre as coisas de modo diverso de como aparecem ao homem comum; pois o objeto de toda ciência é fazer descobertas, e toda descoberta desconcerta mais ou menos as opiniões aceitas. A menos, portanto, que se atribua ao senso comum, em sociologia, uma autoridade que há muito ele não tem nas outras ciências – e não se vê de onde ele a tirou – é preciso que o erudito tome resolutamente o partido de não se deixar intimidar com os resultados de suas pesquisas, se estas foram metodicamente conduzidas. Se buscar o paradoxo é próprio de um sofista, evitá-lo, quando imposto pelos fatos, é próprio de um espírito sem coragem ou sem fé na ciência.

Infelizmente, é mais fácil admitir essa regra em princípio e teoricamente do que aplicá-la com perseverança. Ainda estamos demasiado acostumados a decidir todas essas questões a partir das sugestões do senso comum para que possamos facilmente mantê-lo distante das discussões sociológicas. Enquanto nos acreditamos livres dele, ele nos impõe seus julgamentos sem que nos apercebamos. Uma prática longa e especial é a única que pode prevenir tais descuidos. E é o que pedimos ao leitor para não perder de vista. Que sempre tenha em mente que as maneiras de pensar às quais se habituou são antes contrárias do que favoráveis ao estudo científico dos fenômenos sociais e, portanto, que desconfie de suas primeiras impressões. Se a elas se entregar sem resistência, talvez nos julgue sem nos ter compreendido. Assim, pode ser que nos acusem de ter desejado absolver o crime, com a desculpa de que o tornamos um fenômeno de sociologia normal. A objeção, no entanto, seria pueril. Pois se é normal que, em qualquer sociedade, haja crimes, não é menos normal que sejam punidos. A instituição de um sistema repressivo não é um fato menos universal do que a existência de uma criminalidade, nem menos indispensável à saúde coletiva. Para que não houvesse crimes seria preciso um nivelamento das consciências individuais que, pelas razões apresentadas mais adiante, não é possível nem desejável; mas para que não houvesse repressão seria preciso uma ausência de homogeneidade moral que é inconciliável com a existência de uma sociedade. Mas, partindo do fato de que o crime é detestado e detestável, o senso comum conclui erroneamente que ele poderia desaparecer por completo. Com seu simplismo habitual, ele não concebe que uma coisa que repugna possa ter uma razão de ser útil, e não há, no entanto, contradição alguma nisso. Não há no organismo funções repugnantes cuja ação regular é necessária à saúde individual? Não detestamos o sofrimento? E, no entanto, um ser que não o conhecesse seria um monstro. O caráter normal de uma coisa e os sentimentos de distanciamento que ela inspira podem até ser solidários. Se a dor é um fato normal, é com a condição de não se gostar dela; se o crime é normal, é com a condição de ser odiado[1]. Nosso método, portanto, nada tem de revolucionário. Inclusive, em um certo sentido, é essencialmente conservador, pois considera os fatos sociais como coisas cuja natureza, por mais flexível e maleável que seja, não é, no entanto, facilmente modificável.

---

1. Mas, argumentam, se a saúde contém os elementos odiosos, como apresentá-la, assim como faremos mais adiante, como o objetivo imediato da conduta? – Não há nisso contradição alguma. É comum que uma coisa, mesmo prejudicial por algumas de suas consequências, seja, por outras, útil ou até necessária à vida; ora, se os maus efeitos que ela tem são regularmente neutralizados por uma influência contrária, ela de fato serve sem prejudicar, não deixando, no entanto, de ser odiosa, pois ainda constitui por si mesma um perigo eventual que não é conjurado senão pela ação de uma força antagonista. Esse é o caso do crime; o mal que ele faz à sociedade é anulado pela pena, se esta funcionar regularmente. Resta, portanto, que sem produzir o mal que implica, ele sustenta junto com as condições fundamentais da vida social as relações positivas que veremos a seguir. Mas, como torna-se inofensivo apesar dele mesmo, os sentimentos de aversão de que é objeto não deixam de ter fundamento.

Quão mais perigosa é a doutrina que não vê neles senão *o* produto de combinações mentais, que um simples artifício dialético pode, em um instante, virar de ponta-cabeça!

Da mesma forma, porque é um costume se representar a vida social como o desenvolvimento lógico de conceitos ideais, talvez se julgue grosseiro um método que faz a evolução coletiva depender de condições objetivas, definidas no espaço, e não é impossível que nos considerem materialistas. Todavia, poderíamos com maior legitimidade reivindicar a qualificação contrária. Com efeito, a essência do espiritualismo não se sustenta na ideia de que os fenômenos psíquicos não podem ser imediatamente derivados dos fenômenos orgânicos? Ora, nosso método é em parte apenas uma aplicação desse princípio aos fatos sociais. Assim como os espiritualistas separam o reino psicológico do reino biológico, separamos o primeiro do reino social; assim como eles, recusamo-nos a explicar o mais complexo pelo mais simples. Na verdade, no entanto, nem uma nem outra denominação nos convém exatamente; a única que aceitamos é a de *racionalista*. Nosso principal objetivo, com efeito, é estender à conduta humana o racionalismo científico, mostrando que, considerada no passado, ela é redutível a relações de causa e efeito que uma operação não menos racional pode, a seguir, transformar em regras de ação para o futuro. O que chamaram nosso positivismo não é senão uma consequência desse racionalismo[2]. Só podemos ser tentados a superar os fatos, quer para explicá-los, quer para dirigir seu curso, na medida em que os julgarmos irracionais. Se forem inteiramente inteligíveis, eles bastam à ciência como à prática; à ciência porque não há então motivo para buscar fora deles suas razões de ser; à prática porque seu valor útil é uma dessas razões. Parece-nos então, sobretudo nesses tempos de misticismo renascente, que semelhante empreitada pode e deve ser acolhida sem inquietude e mesmo com simpatia por todos aqueles que, mesmo não concordando conosco em certos pontos, partilham nossa fé no futuro da razão.

---

2. O que significa que ele não deve ser confundido com a metafísica positivista de Comte e de Spencer.

Prefácio à segunda edição

Quando da sua primeira publicação, este livro provocou controvérsias bastante acaloradas. No início, as ideias correntes, como que desconcertadas, resistiram com tal energia que, durante um tempo, foi quase impossível nos fazer ouvir. Mesmo nos pontos em que nos expressáramos mais explicitamente, atribuíram-nos gratuitamente pontos de vista que nada tinham em comum com os nossos, e pensaram nos refutar ao refutá-los. Ainda que tenhamos declarado repetidamente que a consciência, tanto individual quanto social, não era para nós nada de substancial, mas só um conjunto mais ou menos sistematizado de fenômenos *sui generis*, taxaram-nos de realismo e de ontologismo. Ainda que tenhamos dito expressamente e repetido de todas as maneiras que a vida social era inteiramente feita de representações, acusaram-nos de eliminar o elemento mental da sociologia. Chegaram mesmo a retomar contra nós procedimentos de discussão que podiam ser considerados definitivamente desaparecidos. Imputaram-nos, com efeito, certas opiniões que não tínhamos sustentado, sob o pretexto de que eram "conforme aos nossos princípios". A experiência havia provado, no entanto, todos os perigos desse método que, permitindo construir arbitrariamente os sistemas discutidos, permite também triunfar sobre eles sem esforço.

Não cremos nos enganar ao dizer que, desde então, as resistências foram pouco a pouco diminuindo. Sem dúvida, mais de uma proposição nos é ainda contestada. Mas não poderíamos nem nos surpreender nem nos queixar dessas contestações salutares; é evidente, com efeito, que nossas fórmulas estão destinadas a ser reformadas no futuro. Como resumo de uma prática pessoal e forçosamente restrita, elas deverão necessariamente evoluir à medida que se adquira uma experiência mais extensa e mais aprofundada da realidade social. Quanto ao método, aliás, só se pode fazer o provisório; pois os métodos mudam à medida que a ciência avança. Ainda assim, nestes últimos anos, e a despeito das oposições, a causa da sociologia objetiva, específica e metódica ganhou terreno constantemente. A criação da revista *Année Sociologique* certamente foi muito importante para esse resultado. Como abarca a um só tempo todo o campo da ciência, a *Année* pôde, melhor do que qualquer obra específica, dar uma noção do que a sociologia pode e deve se tornar. Foi então possível ver que ela não estava condenada a permanecer um ramo da filosofia geral, e que, por outro lado, podia entrar em contato com o detalhe dos fatos sem degenerar em pura erudição. Por isso não poderíamos deixar de homenagear o ardor e a dedicação de nossos colaboradores; foi graças a eles que essa demonstração pôde de fato ser tentada e pode prosseguir.

Todavia, por mais reais que sejam esses progressos, é incontestável que os equívocos e as confusões passadas ainda não foram de todo dissipados. Por isso gostaríamos de aproveitar esta segunda edição para acrescentar algumas explicações a todas aquelas que já demos, responder a certas críticas e trazer sobre certos pontos novas precisões.

I

A proposição segundo a qual os fatos sociais devem ser tratados como coisas – proposição que está na própria base de nosso método – é uma das que mais provocaram contradições. Consideraram paradoxal e escandaloso que assimilássemos às realidades do mundo exterior as do mundo social. Era equivocar-se singularmente sobre o sentido e o alcance dessa assimilação, cujo objeto não é rebaixar as formas superiores do ser às formas inferiores, mas, ao contrário, reivindicar para as primeiras um grau de realidade ao menos igual ao que todos reconhecem às segundas. Não dizemos, com efeito, que os fatos sociais são coisas materiais, mas que são coisas da mesma forma que as coisas materiais, embora de outra maneira.

Afinal, o que é uma coisa? A coisa se opõe à ideia assim como o que se conhece a partir de fora ao que se conhece a partir de dentro. É coisa todo objeto de conhecimento que não é naturalmente penetrável à inteligência, tudo aquilo de que não podemos fazer uma noção adequada por um simples procedimento de análise mental, tudo aquilo que o espírito só conseguirá compreender se sair de si mesmo, por meio de observações e de experimentações, passando progressivamente dos caracteres mais externos e mais imediatamente acessíveis aos menos visíveis e aos mais profundos. Tratar os fatos de uma certa ordem como coisas não é, portanto, classificá-los nesta ou naquela categoria do real; é observar diante deles uma certa atitude mental. É abordar seu estudo tomando por princípio que se ignora absolutamente o que eles são, e que suas propriedades características, assim como as causas desconhecidas de que dependem, não podem ser descobertas nem pela mais atenta introspecção.

Uma vez definidos os termos, nossa proposição, longe de ser um paradoxo, poderia quase passar por um truísmo se ainda não fosse com tanta frequência desconhecida nas ciências que tratam do homem, e sobretudo em sociologia. Com efeito, pode-se dizer, nesse sentido, que todo objeto de ciência é uma coisa, excetuando-se, talvez, os objetos matemáticos; pois, em relação a estes, como nós mesmos os construímos, desde o mais simples aos mais complexos, basta, para saber o que são, olhar para dentro de nós e analisar interiormente o processo mental de que resultam. Mas, assim que se trata de fatos propriamente ditos, eles são para nós, no momento em que começamos a fazer deles ciência, necessariamente desconhecidos, *coisas* ignoradas, pois as representações que deles fizemos ao longo da vida, tendo sido feitas sem método e sem crítica, são desprovidas de valor científico e devem ser descartadas. Os próprios fatos da psicologia individual apresentam esse caráter e devem ser considerados sob esse aspecto. Com efeito, ainda que nos sejam interiores por definição, a consciência que temos deles não nos revela nem sua natureza interna nem sua gênese. Ela nos faz conhecê-los bem até um certo ponto, mas somente como as sensações nos fazem conhecer o calor ou a luz, o som ou a eletricidade; nos dá impressões confusas, passageiras, subjetivas, e não noções claras e distintas, conceitos explicativos. E é precisamente por essa razão que, ao longo deste século, se fundou uma psicologia objetiva cuja regra fundamental é estudar os fatos mentais a partir de fora, ou seja, como coisas. E com mais razão ainda, assim deve ser com os fatos sociais; pois a consciência não poderia ser mais competente para conhecê-los do que para conhecer a si mesma[3]. Talvez objetem que, como são obra nossa, temos apenas de tomar consciência de nós mesmos para saber o que neles pusemos e de que maneira os formamos. Mas, primeiro, a maior parte das instituições sociais nos é legada inteiramente pronta pelas gerações anteriores; não tomamos parte alguma em sua formação e, por conseguinte, não é nos interrogando que poderemos descobrir as causas que lhes deram origem. Além do mais, embora tenhamos colaborado na sua gênese, só entrevemos da maneira mais confusa, e muitas vezes mais inexata, as verdadeiras razões que nos determinaram a agir e a natureza de nossa ação. Mesmo em relação às nossas atitudes privadas, conhecemos muito pouco os motivos relativamente simples que nos guiam; consideramo-nos desinteressados, mas agimos como egoístas; acreditamos obedecer ao ódio, mas cedemos ao amor; ou à razão, mas somos escravos dos preconceitos irracionais etc. Como então teríamos a faculdade de discernir com maior clareza as causas, particularmente complexas, de que procedem as atitudes da coletividade? Pois, de todo modo, cada um só participa delas em uma ínfima parte; temos um grande número de colaboradores, e o que se passa nas outras consciências nos escapa.

Nossa regra não implica, pois, nenhuma concepção metafísica, nenhuma especulação sobre o íntimo dos seres. O que ela reclama é que o sociólogo se coloque no mesmo estado de espírito em que estão físicos, químicos, fisiologistas, quando penetram em uma região ainda inexplorada de seu campo científico. Ao penetrar no mundo social é preciso que ele tenha consciência de que penetra no desconhecido; é preciso que se sinta diante de fatos cujas leis são tão insuspeitas quanto podiam ser as da vida, quando a biologia ainda não se constituíra; é preciso que

---

3. Vê-se que, para admitir essa proposição, não é necessário defender que a vida social é feita de algo mais do que representações; basta colocar que as representações, individuais ou coletivas, só podem ser estudadas cientificamente desde que estudadas objetivamente.

esteja preparado para fazer descobertas que o surpreenderão e o desconcertarão. Ora, a sociologia ainda não chegou a esse grau de maturidade intelectual. Enquanto o cientista que estuda a natureza física tem a viva percepção das resistências que ela lhe opõe e que são tão difíceis de vencer, parece na verdade que o sociólogo se move entre coisas imediatamente transparentes ao espírito, tão grande é a facilidade com que o vemos resolver as questões mais obscuras. No estado atual da ciência, nem mesmo sabemos verdadeiramente o que são as principais instituições sociais, como o Estado ou a família, o direito de propriedade ou o contrato, a pena e a responsabilidade; ignoramos quase completamente as causas de que dependem, as funções que cumprem, as leis de sua evolução; sobre certos pontos, mal começamos a entrever algumas luzes. E, no entanto, basta percorrer as obras de sociologia para ver quão raro é o sentimento dessa ignorância e dessas dificuldades. Não apenas consideram-se como que obrigados a dogmatizar sobre todos os problemas ao mesmo tempo, mas creem poder, em algumas páginas ou em algumas frases, atingir a essência mesma dos fenômenos mais complexos. É o mesmo que dizer que tais teorias expressam, não os fatos que não poderiam ser esgotados com essa rapidez, mas a prenoção que o autor tinha deles anteriormente à pesquisa. E, com certeza, a ideia que fazemos das práticas coletivas, do que são ou do que devem ser, é um fator de seu desenvolvimento. Mas mesmo essa ideia é um fato que, para ser convenientemente determinado, também deve ser estudado a partir de fora. Pois o que importa saber não é a maneira como tal pensador individualmente se representa tal instituição, mas a concepção que o grupo tem dela; só essa concepção é, com efeito, socialmente eficaz. Ora, ela não pode ser conhecida pela simples observação interior, uma vez que não está por inteira em nenhum de nós; é necessário, portanto, encontrar alguns sinais exteriores que a tornem sensível. Além disso, ela não se originou do nada; ela própria é um efeito de causas externas que é preciso conhecer para poder apreciar seu papel no futuro. De todo modo, é sempre ao mesmo método que se deve retornar.

II

Outra proposição foi tão calorosamente discutida quanto a precedente: a que apresenta os fenômenos sociais como exteriores aos indivíduos. Hoje, concedem-nos de bom grado que os fatos da vida individual e os da vida coletiva são heterogêneos em algum grau: pode-se até dizer que uma concordância, se não unânime, ao menos muito geral, está se formando sobre esse ponto. São poucos os sociólogos que negam à sociologia toda espécie de especificidade. Mas, como a sociedade não é composta senão de indivíduos[4], ao senso comum parece que a vida social não pode ter outro substrato do que a consciência individual; ou seja, ela parece permanecer no ar e pairar no vazio.

Entretanto, o que se julga tão facilmente inadmissível quando se trata dos fatos sociais é normalmente admitido para os outros reinos da natureza. Toda vez que de elementos quaisquer, ao se combinarem, emergem, devido à sua combinação, fenômenos novos, é preciso então conceber que esses fenômenos estão situados não nos elementos, mas no todo formado pela união deles. A célula viva não contém nada mais do que partículas minerais, assim como a sociedade não contém nada mais do que indivíduos; e, no entanto, é evidentemente impossível que os fenômenos característicos da vida residam em átomos de hidrogênio, de oxigênio, de carbono e de azoto. Pois como os movimentos vitais poderiam se produzir no interior de elementos não vivos? Como, aliás, as propriedades biológicas se repartiriam entre esses elementos? Elas não poderiam se encontrar igualmente em todos, uma vez que não são de mesma natureza; o carbono não é o azoto e, por conseguinte, não pode assumir as mesmas propriedades nem desempenhar o mesmo papel. É tão inadmissível quanto que cada aspecto da vida, cada um de seus caracteres principais, se encarne em um grupo diferente de átomos. A vida não poderia se decompor desta forma; ela é una e, portanto, não pode ter como assento senão a substância viva em sua totalidade. Ela está no todo, não nas partes. Não são as

---

4. Aliás, a proposição só é parcialmente exata. Além dos indivíduos, existem as coisas que são elementos integrantes da sociedade. A parte verdadeira é que os indivíduos são seus únicos elementos ativos.

partículas não vivas da célula que se alimentam, se reproduzem, em uma palavra, que vivem; é a própria célula, e apenas ela. E o que dizemos da vida poderia ser dito de todas as sínteses possíveis. A dureza do bronze não está nem no cobre, nem no estanho, nem no chumbo que serviram para formá-lo e que são corpos moles ou flexíveis; está na mistura deles. A fluidez da água, suas propriedades alimentares e outras não estão nos dois gases que a compõem, e sim na substância complexa que eles formam por sua associação.

Apliquemos esse princípio à sociologia. Se, como nos atribuem, dessa síntese *sui generis* que constitui toda sociedade emergem fenômenos novos, diferentes daqueles que se passam nas consciências solitárias, é preciso então admitir que esses fatos específicos residem na própria sociedade que os produz, e não em suas partes, isto é, em seus membros. Eles são então, nesse sentido, exteriores às consciências individuais, consideradas como tais, assim como os caracteres distintivos da vida são exteriores às substâncias minerais que compõem o ser vivo. Não se pode reabsorvê-los nos elementos sem se contradizer, uma vez que, por definição, eles supõem algo diferente do que esses elementos contêm. Desse modo se encontra justificada, por uma razão nova, a separação que, mais adiante, estabelecemos entre a psicologia propriamente dita, ou ciência do indivíduo mental, e a sociologia. Os fatos sociais não diferem dos fatos psíquicos apenas em qualidade; eles *têm um outro substrato*, não evoluem no mesmo meio, não dependem das mesmas condições. Não significa dizer que não sejam, também eles, psíquicos de alguma maneira, uma vez que todos consistem em modos de pensar ou de agir. Mas os estados da consciência coletiva são de natureza diferente dos estados da consciência individual; são representações de um outro tipo. A mentalidade dos grupos não é a dos particulares; ela tem suas próprias leis. As duas ciências são, pois, tão nitidamente distintas quanto duas ciências podem sê-lo, não importam as relações que, ademais, possa haver entre elas.

Todavia, sobre esse ponto, há espaço para fazer uma distinção que talvez lance alguma luz sobre o debate.

Que a *matéria* da vida social não possa ser explicada por fatores puramente psicológicos, isto é, por estados da consciência individual, é o que nos parece óbvio. Com efeito, o que as representações coletivas traduzem é a maneira como o grupo se pensa em suas relações com os objetos que o afetam. Ora, o grupo é constituído de forma diferente do indivíduo e as coisas que o afetam são de outra natureza. Representações que não expressam nem os mesmos sujeitos nem os mesmos objetos não poderiam depender das mesmas causas. Para compreender a maneira como a sociedade se representa a si mesma e o mundo que a cerca, é a natureza da sociedade, e não a dos particulares, que é preciso considerar. Os símbolos com os quais ela se pensa mudam de acordo com o que ela é. Se, por exemplo, ela se concebe como oriunda de um animal epônimo, é porque ela forma um desses grupos especiais chamados clãs. Ali onde o animal é substituído por um antepassado humano, mas igualmente mítico, é porque o clã mudou de natureza. Se, acima das divindades locais ou familiares, ela imagina outras das quais crê depender, é porque os grupos locais e familiares que a compõem tendem a se concentrar e a se unificar, e o grau de unidade apresentado por um panteão religioso corresponde ao grau de unidade atingido no mesmo momento pela sociedade. Se ela condena certos modos de conduta, é porque eles ofendem alguns de seus sentimentos fundamentais; e esses sentimentos se devem à sua constituição, assim como os do indivíduo ao seu temperamento físico e à sua organização mental. Por isso, ainda que a psicologia individual não tivesse mais segredos para nós, ela não poderia nos dar a solução de nenhum desses problemas, uma vez que se relacionam a ordens de fatos que ela ignora.

Mas, reconhecida essa heterogeneidade, pode-se perguntar se as representações individuais e as representações coletivas não acabam, no entanto, se assemelhando pelo fato de que ambas são igualmente representações; e se, devido a essas semelhanças, certas leis abstratas não seriam comuns aos dois reinos. Os mitos, as lendas populares, as concepções religiosas de todo tipo, as crenças morais etc., expressam uma outra realidade que a realidade individual; mas talvez a maneira como elas se atraem ou se repelem, se agregam ou se desagregam, fosse independente de seu conteúdo e se devesse unicamente à sua qualidade geral de representações. Mesmo sendo feitas de uma matéria diferente, elas se comportariam em suas relações mútuas do mesmo modo que as sensações, as imagens, ou as ideias no indivíduo. Não se pode supor, por exemplo, que a contiguidade e a semelhança, os contrastes e os antagonismos lógicos agem da mesma maneira, quaisquer que sejam as coisas representadas? E assim acabar concebendo a possibilidade de uma psicologia inteiramente formal que seria uma espécie de terreno comum à psicologia individual e à sociologia; e talvez seja isso o que desperta o escrúpulo sentido por certos espíritos em distinguir com demasiada nitidez essas duas ciências.

A rigor, no estado atual de nossos conhecimentos, a questão assim colocada não poderia receber solução categórica. Por um lado, com efeito, tudo o que sabemos sobre a maneira como se combinam as ideias individuais se reduz a essas poucas proposições, muito gerais e muito vagas, que normalmente são chamadas leis de associação de ideias. E quanto às leis da ideação coletiva, elas são ainda mais completamente ignoradas. A psicologia social, que deveria ter como tarefa determiná-las, não passa de uma palavra que designa todo tipo de generalidades, variadas e imprecisas, sem objeto definido. O necessário seria pesquisar, pela comparação dos temas míticos, das lendas e das tradições populares, das línguas, de que maneira as representações sociais se atraem e se excluem, se fundem umas nas outras ou se distinguem etc. Ora, se o problema merece tentar a curiosidade dos pesquisadores, mal se pode dizer que ele seja abordado; e enquanto não se tiver encontrado algumas dessas leis, será evidentemente impossível saber com certeza se elas repetem ou não as da psicologia individual.

Contudo, na falta de certezas, é pelo menos provável que, se existem semelhanças entre essas duas espécies de leis, as diferenças não devem ser menos marcadas. Parece inadmissível, de fato, que a matéria de que são feitas as representações não atue nos modos de suas combinações. É verdade que, por vezes, os psicólogos falam das leis da associação de ideias, como se fossem as mesmas para todos os tipos de representações individuais. Mas nada é mais inverossímil: as imagens não se compõem entre si como as sensações, nem os conceitos como as imagens. Se a psicologia estivesse mais avançada, ela certamente constataria que cada categoria de estados mentais tem leis formais que lhe são próprias. Sendo assim, deve-se *a fortiori* esperar que as leis correspondentes do pensamento social sejam específicas como esse mesmo pensamento. Com efeito, por pouco que se tenha praticado essa ordem dos fatos, é difícil não perceber essa especificidade. Não é ela, com efeito, que nos faz parecer tão estranha a maneira tão especial como as concepções religiosas (que são acima de tudo coletivas) se misturam, ou se separam, se transformam umas nas outras, dando origem a compostos contraditórios que contrastam com os produtos ordinários de nosso pensamento privado. Se, portanto, como é presumível, certas leis da mentalidade social evocam efetivamente algumas daquelas que os psicólogos estabelecem, não é porque as primeiras são um simples caso particular das segundas, mas porque entre ambas, ao lado de diferenças certamente importantes, há similitudes que a abstração poderá revelar, e que, além do mais, são ainda ignoradas. O que significa dizer que em nenhum caso a sociologia poderia emprestar pura e simplesmente da psicologia esta ou aquela de suas proposições, para aplicá-la tal e qual aos fatos sociais. Mas o pensamento coletivo inteiro, em sua forma como em sua matéria, deve ser estudado em si mesmo, por si mesmo, com a percepção do que ele tem de especial, e deve-se deixar ao futuro o cuidado de pesquisar até que ponto ele se assemelha ao pensamento dos indivíduos. Trata-se de um problema que se refere muito mais à filosofia geral e à lógica abstrata do que ao estudo científico dos fatos sociais[5].

III

Resta-nos dizer algumas palavras sobre a definição que demos dos fatos sociais em nosso primeiro capítulo. Para nós, eles consistem em maneiras de fazer ou de pensar, reconhecíveis pela

---

5. É inútil mostrar como, desse ponto de vista, a necessidade de estudar os fatos a partir de fora revela-se ainda mais evidente, dado que resultam de sínteses que ocorrem fora de nós e das quais nem mesmo temos a percepção confusa que a consciência pode nos dar dos fenômenos internos.

particularidade de serem capazes de exercer sobre as consciências individuais uma influência coercitiva. Sobre essa questão criou-se uma confusão que merece ser apontada.

É tão arraigado o hábito de aplicar às coisas sociológicas as formas do pensamento filosófico que muitas vezes viram nessa definição preliminar uma espécie de filosofia do fato social. Disseram que explicávamos os fenômenos sociais pela coerção, da mesma forma que Gabriel Tarde os explica pela imitação. Tal não era nossa ambição e nem mesmo pensamos que pudessem atribuí-la a nós, tanto é contrária a todo método. O que propúnhamos era não antecipar por uma visão filosófica as conclusões da ciência, mas simplesmente indicar em que sinais exteriores é possível reconhecer os fatos que ela deve tratar, para que o erudito saiba percebê-los ali onde estão e não os confunda com outros. Tratava-se de delimitar o campo da pesquisa tanto quanto possível, não de aderir a uma espécie de intuição exaustiva. Por isso aceitamos de bom grado a crítica feita a essa definição de não expressar todos os caracteres do fato social e, em consequência, de não ser a única possível. Com efeito, não há nada de inconcebível em que ele possa ser caracterizado de várias maneiras diferentes; pois não há razão para que tenha apenas uma propriedade distintiva[6]. O mais importante é escolher aquela que parece a melhor para o objetivo proposto. É até muito possível empregar conjuntamente vários critérios, segundo as circunstâncias. E nós mesmos reconhecemos que isso às vezes é necessário em sociologia; pois há casos em que o caráter de coerção não é facilmente reconhecível (cf. início deste parágrafo).

---

6. O poder coercitivo que lhe atribuímos é tão pouco representativo da totalidade do fato social que pode apresentar igualmente o caráter oposto. Pois, ao mesmo tempo que as instituições se impõem a nós, nos apegamos a elas; elas nos obrigam e as amamos; elas nos constrangem e tiramos proveito de seu funcionamento e desse mesmo constrangimento. Essa antítese é a que os moralistas sempre assinalaram entre as noções do bem e do dever, que expressam dois aspectos diferentes, mas igualmente reais, da vida moral. Ora, talvez não haja práticas coletivas que não exerçam sobre nós essa dupla ação, que, aliás, só é contraditória em aparência. Se não as definimos por esse apego especial, ao mesmo tempo interessado e desinteressado, é simplesmente porque ele não se manifesta por sinais exteriores, facilmente perceptíveis. O bem tem algo de mais interno, de mais íntimo do que o dever, portanto de menos perceptível.

O mais importante, como se trata de uma definição inicial, é que as características utilizadas sejam imediatamente discerníveis e possam ser percebidas antes da pesquisa. Ora, essa é a condição não preenchida pelas definições que por vezes opuseram às nossas. Disseram, por exemplo, que o fato social é "tudo o que se produz na e pela sociedade", ou ainda "aquilo que interessa e afeta o grupo de algum modo". Mas só se pode saber se a sociedade é ou não a causa de um fato ou se esse fato tem efeitos sociais quando a ciência já estiver avançada. Tais definições não poderiam, portanto, servir para determinar o objeto da investigação que começa. Para que se possa utilizá-las é preciso que o estudo dos fatos sociais já tenha avançado bastante e, portanto, que se tenha descoberto algum outro meio preliminar de reconhecê-los ali onde estão.

Ao mesmo tempo que consideraram nossa definição demasiado estreita, acusaram-na de ser demasiado ampla e de abarcar quase todo o real. Com efeito, disseram, todo meio físico exerce uma coerção sobre os seres que sofrem sua ação; porque, em certa medida, são obrigados a se adaptar a ele. Mas há entre esses dois modos de coerção toda a diferença que separa um meio físico de um meio moral. A pressão exercida por um ou vários corpos sobre outros corpos ou até sobre vontades não poderia ser confundida com aquela exercida pela consciência de um grupo sobre a consciência de seus membros. O que a coerção social tem de mais especial é que ela se deve não à rigidez de certos arranjos moleculares, mas ao prestígio de que são investidas certas representações. É verdade que, sob certos aspectos, os hábitos, individuais ou hereditários, têm essa mesma propriedade. Eles nos dominam, nos impõem crenças ou práticas. Mas nos dominam a partir de dentro, pois estão integralmente em cada um de nós. Ao contrário, as crenças e as práticas sociais agem sobre nós a partir de fora: por isso a ascendência exercida por umas e por outras é, no fundo, muito diferente.

Por outro lado, não devemos nos surpreender de que os outros fenômenos da natureza apresentem, sob outras formas, o mesmo caráter pelo qual nós definimos os fenômenos sociais. Essa similitude resulta simplesmente de que ambos são coisas reais. Pois tudo o que é real tem uma natureza definida que se impõe, com a qual se deve contar e que, mesmo quando se consegue neutralizá--la, nunca é completamente vencida. E, no fundo, aí está o que há de mais essencial na noção da coerção social. Pois tudo o que ela implica é que as maneiras coletivas de agir ou de pensar têm uma realidade exterior aos indivíduos que, a cada momento do tempo, a elas se conformam. São coisas que têm sua existência própria. O indivíduo já as encontra formadas e não pode fazer com que não sejam ou que sejam diferentes do que são; por isso é obrigado a levá-las em conta, e lhe é ainda tanto mais difícil (não dizemos impossível) modificá-las porque elas participam, em diversos graus, da supremacia material e moral que a sociedade tem sobre seus membros. Sem dúvida, o indivíduo desempenha um papel na gênese delas. Mas, para que haja fato social, é preciso que pelo menos vários indivíduos tenham combinado sua ação e que dessa combinação tenha emergido algo novo. E, como essa síntese ocorre fora de cada um de nós (uma vez que engloba uma pluralidade de consciências), ela tem necessariamente como efeito fixar, instituir fora de nós certos modos de agir e certos julgamentos que não dependem de cada vontade particular tomada à parte. Assim como observaram[7], há uma palavra que – desde que se estenda um pouco sua acepção ordinária – expressa bastante bem essa maneira de ser muito especial: é a palavra instituição. Pode-se, com efeito, sem desnaturar o sentido dessa expressão, chamar *instituição* todas as crenças e todos os modos de conduta instituídos pela coletividade; a sociologia pode então ser definida assim: a ciência das instituições, de sua gênese e de seu funcionamento[8].

---

7. Cf. o artigo "Sociologie" na *Grande Encyclopédie*, por Fauconnet e Mauss.

8. Ainda que as crenças e as práticas sociais nos penetrem a partir de fora, nem por isso as recebemos passivamente e sem lhes causar alguma modificação. Ao pensarmos as instituições coletivas, ao assimilá-las, nós as individualizamos, damos-lhes mais ou menos nossa marca pessoal; é dessa forma que, ao pensar o mundo sensível, cada um de nós o colore à sua maneira e que sujeitos diferentes se adaptam diferentemente a um mesmo meio físico. Por isso cada um de nós cria, em certa medida, sua moral, sua religião, sua técnica. Não existe conformismo social que não comporte toda uma gama de nuanças individuais. Ainda assim, o campo das variações permitidas é limitado. Ele é insignificante ou muito medíocre no círculo dos fenômenos religiosos e morais onde a variação facilmente se torna um crime; é mais extenso para tudo o que diz respeito à vida econômica. Mas, cedo ou tarde, mesmo neste último caso, atinge-se um limite que não pode ser ultrapassado.

Sobre as outras controvérsias que este livro suscitou, parece-nos inútil retomá-las, pois não abordam nada de essencial. A orientação geral do método não depende dos procedimentos que se prefira empregar, seja para classificar os tipos sociais, seja para distinguir o normal do patológico. Ademais, essas contestações muitas vezes vêm do fato de se recusarem a admitir, ou de não admitirem sem reservas, nosso princípio fundamental: a realidade objetiva dos fatos sociais. É, portanto, sobre esse princípio que, afinal, tudo repousa e tudo converge.

Por isso nos pareceu útil ressaltá-lo mais uma vez, retirando-o de qualquer questão secundária. E estamos certos de que, ao lhe atribuir tal preponderância, permanecemos fiéis à tradição sociológica; pois, no fundo, foi dessa concepção que surgiu toda a sociologia. Com efeito, essa ciência não podia nascer senão no dia em que se pressentisse que os fenômenos sociais, por não serem materiais, não deixam de ser coisas reais que comportam o estudo. Para ter chegado a pensar que havia razões para pesquisar o que são foi preciso ter compreendido que eles são de uma forma definida, que têm uma maneira de ser constante, uma natureza que não depende do arbítrio individual e da qual derivam relações necessárias. Por isso a história da sociologia não é senão um longo esforço para precisar esse sentimento, aprofundá-lo, desenvolver todas as consequências que ele implica. Mas, apesar dos grandes progressos que foram feitos nesse sentido, veremos na continuação deste trabalho que ainda restam numerosas sobrevivências do postulado antropocêntrico, o qual, aqui como acolá, constitui um obstáculo à ciência. Ao homem desagrada renunciar ao poder ilimitado que por tanto tempo ele se atribuiu sobre a ordem social, e, por outro lado, parece-lhe que, se existem realmente forças coletivas, ele está necessariamente condenado a sofrê-las sem poder modificá-las. É o que o inclina a negá-las. Experiências repetidas ensinaram-lhe, em vão, que essa onipotência, em cuja ilusão ele se mantém com complacência, sempre foi para ele uma causa de fraqueza; que seu império sobre as coisas só começou realmente a partir do momento em que reconheceu que elas têm uma natureza própria, e em que se resignou a aprender com elas o que elas são. Expulso de todas as outras ciências, esse deplorável preconceito se mantém obstinadamente em sociologia. Não há, portanto, nada mais urgente do que buscar livrar definitivamente nossa ciência desse preconceito; e esse é o principal objetivo de nossos esforços.

Introdução

Até agora, os sociólogos pouco se preocuparam em caracterizar e definir o método que aplicam ao estudo dos fatos sociais. Desta forma, em toda a obra de Spencer, o problema metodológico não tem espaço algum; pois a *Introdução à ciência social*, cujo título poderia alimentar expectativas, dedica-se a demonstrar as dificuldades e a possibilidade da sociologia, não a expor os procedimentos de que deve se servir. Stuart Mill, é verdade, dedicou-se bastante à questão[9]; mas não fez mais do que passar pelo crivo de sua dialética o que Comte dissera, sem nada acrescentar de verdadeiramente pessoal. Um capítulo do *Curso de filosofia positiva*, eis, portanto, praticamente, o único estudo original e importante que temos sobre o assunto[10].

Aliás, essa aparente despreocupação nada tem de surpreendente. Com efeito, os grandes sociólogos cujos nomes acabamos de citar não saíram muito das generalidades sobre a natureza das sociedades, sobre as relações do reino social e do reino biológico, sobre a marcha geral do progresso; mesmo a volumosa sociologia de Spencer não tem outro objeto que mostrar como a lei da evolução universal se aplica às sociedades. Ora, para tratar essas questões filosóficas não são necessários procedimentos especiais e complexos. Contentavam-se, portanto, em pesar os méritos comparados da dedução e da indução e em fazer uma pesquisa sumária dos recursos mais gerais de que dispõe a investigação sociológica. Mas as precauções que se devem tomar na observação dos fatos, a maneira como os principais problemas devem ser postos, o sentido no qual as pesquisas devem ser dirigidas, as práticas especiais que podem conduzi-los ao êxito,

---

9. *Système de logique*, I, VI, cap. VII-XII.

10. Cf. *Cours de philosophie positive*. 2. ed., p. 294-336.

as regras que devem presidir a administração das provas permaneciam indeterminadas.

Um auspicioso concurso de circunstâncias, entre as quais é justo destacar a iniciativa que criou em nosso favor um curso regular de sociologia na Faculdade de Letras de Bordeaux, logo permitiu que nos dedicássemos ao estudo da ciência social e o tornássemos a matéria de nossas ocupações profissionais, e assim conseguimos sair dessas questões demasiado gerais e abordar um certo número de problemas particulares. Fomos então levados, pela própria força das coisas, a estabelecer um método mais definido, como acreditamos, mais exatamente adaptado à natureza particular dos fenômenos sociais. São esses resultados de nossa prática que gostaríamos de expor aqui em seu conjunto e de submeter à discussão. Sem dúvida, eles estão implicitamente contidos no livro que publicamos recentemente, *A divisão do trabalho social*. Parece-nos interessante, no entanto, separá-los, formulá-los à parte, acompanhando-os de suas provas e ilustrando-os com exemplos emprestados quer dessa obra, quer de trabalhos ainda inéditos. Dessa forma, poderão julgar melhor a orientação que gostaríamos de tentar dar aos estudos de sociologia.

Capítulo I
O que é um fato social?

Antes de procurar qual método convém ao estudo dos fatos sociais, é importante saber quais são os fatos que assim chamamos.

A questão é tanto mais necessária porque essa qualificação é utilizada sem muita precisão. Empregam-na habitualmente para designar praticamente todos os fenômenos que se passam no interior da sociedade, por menos que apresentem, com uma certa generalidade, algum interesse social. Mas, a partir desse ponto de vista, não há, por assim dizer, acontecimentos humanos que não possam ser chamados sociais. Todo indivíduo bebe, dorme, come, raciocina, e a sociedade tem todo interesse em que essas funções se exerçam regularmente. Se, portanto, esses fatos fossem sociais, a sociologia não teria objeto que lhe fosse próprio, e seu campo se confundiria com o da biologia e da psicologia.

Mas, na realidade, há em toda sociedade um grupo determinado de fenômenos que se distinguem por caracteres distintos daqueles que as outras ciências da natureza estudam.

Quando cumpro meu dever de irmão, de marido ou de cidadão, quando respeito os compromissos que assumi, cumpro deveres que estão definidos, fora de mim e de meus atos, no direito e nos costumes. Mesmo quando estão de acordo com meus sentimentos próprios e sinto interiormente a realidade deles, esta não deixa de ser objetiva; pois não fui eu quem os fez, mas os recebi pela educação. Ademais, quantas vezes não nos acontece de ignorar o detalhe das obrigações que nos incumbem e, para conhecê-las, temos de consultar o código e seus intérpretes autorizados! Do mesmo modo, as crenças e as práticas de sua vida religiosa, o fiel encontrou-as todas prontas ao nascer: se existiam antes dele é porque existem fora dele. O sistema de signos que utilizo para expressar meu pensamento, o sistema de moedas que emprego para pagar minhas dívidas, os instrumentos de crédito que utilizo em minhas relações comerciais, as práticas observadas em minha profissão etc. funcionam independentemente dos usos que deles faço. Que se considerem uns após os outros todos os membros que compõem a sociedade, o que precede poderá ser repetido em relação a cada um deles. Eis então as maneiras de agir, de pensar e de sentir que apresentam essa notável propriedade de existirem fora das consciências individuais.

Não apenas esses tipos de conduta ou de pensamento são exteriores ao indivíduo, como também são dotados de uma força imperativa e coercitiva em virtude da qual se impõem a ele, quer ele queira ou não. Sem dúvida, quando a ela me conformo de bom grado, essa coerção não se faz ou pouco se faz sentir, sendo inútil. Mas não deixa de ser um caráter intrínseco desses fatos, e a prova é que ela se afirma assim que tento resistir. Se tento violar as regras do direito, elas reagem contra mim para impedir meu ato, se ainda houver tempo, ou para anulá-lo e restabelecê-lo em sua forma normal, se foi cumprido e for reparável, ou para fazer com que o expie, se não houver outra forma de repará-lo. Seriam estas máximas puramente morais? A consciência pública contém todo ato que as ofenda por meio da vigilância que exerce sobre a conduta dos cidadãos e das penas específicas de que dispõe. Em outros casos, a coerção é menos violenta, não deixa de existir, no entanto. Se não me submeto às convenções do mundo, se, ao me vestir, não levo em conta os costumes seguidos em meu país e em minha classe, o riso que provoco, o distanciamento em que me mantêm produzem, ainda que de uma maneira mais atenuada, os mesmos efeitos de uma pena propriamente dita. Além disso, a coerção, por ser apenas indireta, não é menos eficaz. Não sou obrigado a falar francês com meus compatriotas, nem a empregar as moedas legais; mas é impossível que eu faça de outro modo. Se tentasse escapar a essa necessidade, minha tentativa fracassaria miseravelmente. Como industrial, nada me impede de trabalhar com procedimentos e métodos do século passado; mas, se o fizesse, certamente eu me arruinaria. Com efeito, mesmo quando posso me libertar dessas regras e violá-las com sucesso, sempre sou obrigado a lutar contra elas. Mesmo quando são finalmente vencidas, sua força coercitiva se faz sentir pela resistência que opõem. Não há inovador, mesmo afortunado, cujas empreitadas não acabem se chocando contra oposições desse tipo.

Eis, portanto, uma ordem de fatos que apresentam caracteres muito específicos: eles consistem em maneiras de agir, de pensar e de sentir, exteriores ao indivíduo, e que são dotadas de um poder de coerção em virtude do qual se impõem a ele. Por conseguinte, não poderiam ser confundidos com os fenômenos orgânicos, uma vez que consistem em representações e em ações; nem com os fenômenos psíquicos, os quais não têm existência senão na consciência individual e por meio dela. Constituem, portanto, uma espécie nova, e é a eles que deve ser dada e reservada a qualificação de sociais. Ela lhes convém; pois claro está que, não tendo o indivíduo por substrato, eles não podem ter outro que a sociedade, seja a sociedade política em seu todo, seja algum dos grupos parciais que ela encerra: confissões religiosas, escolas políticas, literárias, corporações profissionais etc. Por outro lado, é somente a eles que ela convém; pois a palavra social só tem sentido definido com a condição de designar unicamente fenômenos que não entram em nenhuma das categorias de fatos já constituídas e denominadas. Eles são, portanto, o campo próprio da sociologia. É verdade que a palavra coerção, pela qual os definimos, pode inquietar os zelosos defensores de um individualismo absoluto. Como eles professam que o indivíduo é perfeitamente autônomo, parece-lhes que o diminuímos todas as vezes que o fazemos sentir que não depende apenas de si mesmo. Mas, como hoje é incontestável que a maior parte de nossas ideias e de nossas tendências não é elaborada por nós, mas nos vêm de fora, elas só podem nos penetrar impondo-se; é isso o que nossa definição significa. Sabe-se, aliás, que toda coerção social não é necessariamente incompatível com a personalidade individual[11].

---

11. O que não quer dizer, no mais, que toda coerção seja normal. Voltaremos a esse ponto mais adiante.

Todavia, como todos os exemplos que acabamos de citar (regras jurídicas, morais, dogmas religiosos, sistemas financeiros etc.) consistem em crenças e em práticas constituídas, poderiam, segundo o que precede, pensar que só há fato social onde há organização definida. Mas existem outros fatos que, sem apresentar essas formas cristalizadas, têm tanto a mesma objetividade quanto a mesma ascendência sobre o indivíduo. É o que chamamos correntes sociais. Assim, em uma assembleia, os grandes movimentos de entusiasmo, de indignação, de piedade que se produzem não têm como lugar de origem nenhuma consciência particular. Chegam a cada um de nós a partir de fora e são capazes de nos arrastar apesar de nós. Sem dúvida, pode acontecer que, entregando-me a eles sem reserva, eu não sinta a pressão que exercem sobre mim. Mas ela se mostra assim que tento lutar contra eles. Que um indivíduo tente se opor a uma dessas manifestações coletivas, e os sentimentos que ele nega se voltarão contra ele. Ora, se essa força de coerção externa se afirma com tal nitidez nos casos de resistência é porque ela existe, embora inconsciente, nos casos contrários. Somos então ludibriados por uma ilusão que nos leva a crer que nós mesmos elaboramos o que se impôs a nós a partir de fora. Mas, se a complacência com a qual nos deixamos levar dissimula a pressão sofrida, ela não a suprime. Assim, nem o ar deixa de ser pesado ainda que não sintamos mais seu peso. Mesmo quando também contribuímos espontaneamente para a emoção comum, a impressão que sentimos é bem diferente daquela que sentiríamos se estivéssemos sozinhos. Por isso, tão logo a assembleia se separou, tão logo essas influências sociais deixaram de agir sobre nós e nos encontramos sozinhos, os sentimentos experimentados nos parecem algo estranho no qual não mais nos reconhecemos. Percebemos então que os tínhamos sofrido mais do que os tínhamos produzido. Talvez até nos causem horror, tanto eram contrários à nossa natureza. É assim que indivíduos, em sua maioria perfeitamente inofensivos, podem se entregar a atos de atrocidade quando reunidos em multidão. Ora, o que dizemos dessas explosões passageiras também se aplica aos movimentos de opinião, mais duradouros, que se produzem constantemente ao nosso redor, seja em toda a extensão da sociedade, seja nos círculos mais restritos, sobre temas religiosos, políticos, literários, artísticos etc.

Aliás, essa definição do fato social pode ser confirmada por uma experiência característica: basta observar a maneira como as crianças são educadas. Quando observamos os fatos tais como são e tais como sempre foram, salta aos olhos que toda educação consiste em um esforço contínuo para impor à criança maneiras de ver, de sentir e de agir às quais ela não teria chegado espontaneamente. Desde os primeiros instantes de sua vida, nós a obrigamos a comer, a beber, a dormir em horários regulares, nós a obrigamos à limpeza, à calma, à obediência; mais tarde, nós a obrigamos para que aprenda a considerar o outro, a respeitar os costumes, as conveniências, nós a obrigamos ao trabalho etc. Se, com o tempo, essa coerção deixa de ser sentida é porque pouco a pouco ela dá origem aos hábitos, às tendências internas que a tornam inútil, mas que a substituem apenas porque delas derivam. É verdade que, segundo Spencer, uma educação racional deveria reprovar tais procedimentos e deixar a criança agir com toda liberdade; mas como essa teoria pedagógica nunca foi praticada por nenhum povo conhecido, ela não constitui senão um *desideratum* pessoal, não um fato que possa ser oposto aos fatos que precedem. Ora, o que torna estes últimos particularmente instrutivos é que a educação tem justamente por objeto moldar o ser social; portanto ela pode mostrar, como em um resumo, de que maneira esse ser se constituiu na história. Essa constante pressão que a criança sofre é a pressão mesma do meio social que tende a moldá-la à sua imagem e do qual pais e professores são apenas os representantes e os intermediários.

Desse modo, não é sua generalidade que pode servir para caracterizar os fenômenos sociológicos. Um pensamento que se encontra em todas as consciências individuais, um movimento que todos os indivíduos repetem nem por isso são fatos sociais. Se se contentaram com esse caráter para defini-los é porque, erroneamente, os confundiram com o que se poderia chamar suas encarnações individuais. O que os constitui são as crenças, as tendências, as práticas do grupo considerado coletivamente; quanto às formas de que se revestem os estados coletivos ao se refratarem nos indivíduos, elas são coisas de outra espécie.

O que demonstra categoricamente essa dualidade de natureza é que essas duas ordens de fatos geralmente se apresentam dissociadas. Com efeito, algumas dessas maneiras de agir ou de pensar adquirem, pela repetição, uma espécie de consistência que as precipita, por assim dizer, e as isola dos acontecimentos particulares que as refletem. Elas ganham assim um corpo, uma forma sensível que lhes é própria, e constituem uma realidade *sui generis*, muito distinta dos fatos individuais que a manifestam. O hábito coletivo não existe apenas no estado de imanência nos atos sucessivos que ele determina, mas, por um privilégio cujo exemplo não encontramos no reino biológico, ele se expressa de uma vez por todas em uma fórmula que se repete de boca a boca, que se transmite pela educação, que se fixa mesmo por escrito. Esta é a origem e a natureza das regras jurídicas, morais, dos aforismos e dos ditos populares, dos artigos de fé em que as seitas religiosas ou políticas condensam suas crenças, códigos de gosto estabelecidos pelas escolas literárias etc. Nenhuma delas é encontrada integralmente nas aplicações que os indivíduos fazem delas, uma vez que podem até existir sem serem atualmente aplicadas.

Sem dúvida, essa dissociação nem sempre se apresenta com a mesma nitidez. Mas basta que exista de uma maneira incontestável nos importantes e numerosos casos que acabamos de mencionar para provar que o fato social é distinto de suas repercussões individuais. Aliás, mesmo quando não é imediatamente observável, pode-se muitas vezes realizá-la com a ajuda de certos artifícios de método; é até mesmo indispensável proceder a essa operação se se quiser livrar o fato social de todo composto para observá-lo no estado de pureza. Assim, há certas correntes de opinião que nos levam, com intensidade desigual, conforme os tempos e os países, uma ao casamento, por exemplo, outra ao suicídio ou à natalidade mais ou menos alta etc. São, evidentemente, fatos sociais. À primeira vista, eles parecem inseparáveis das formas que tomam nos casos particulares. Mas a estatística nos fornece o meio de isolá-los. São, com efeito, representados, não sem exatidão, pela taxa de natalidade, de nupcialidade, de suicídios, isto é, pelo número que se obtém ao dividir a média anual total dos casamentos, dos nascimentos, das mortes voluntárias pelo dos homens em idade de se casar, de procriar, de se suicidar[12]. Pois, como cada um desses números compreende todos os casos particulares indistintamente, as circunstâncias individuais que podem participar na produção do fenômeno se neutralizam mutuamente e, por conseguinte, não contribuem para determiná-lo. O que ele expressa é um certo estado da alma coletiva.

Eis o que são os fenômenos sociais, desembaraçados de qualquer elemento estranho. Quanto às suas manifestações privadas, elas têm evidentemente algo de social, uma vez que reproduzem em parte um modelo coletivo; mas cada uma delas também depende, e em larga medida, da constituição orgânico-psíquica do indivíduo, das circunstâncias particulares nas quais está colocado. Não são, portanto, fenômenos propriamente sociológicos. Pertencem a um só tempo aos dois reinos; poderiam ser chamadas sociopsíquicas. Elas interessam ao sociólogo sem constituírem a matéria imediata da sociologia. Mesmo no interior do organismo encontram-se fenômenos de natureza mista que são estudados por ciências mistas, como a química biológica.

Mas, dirão, um fenômeno só pode ser coletivo se for comum a todos os membros da sociedade ou, pelo menos, à maior parte deles, portanto, se for geral. Sem dúvida, mas se é geral é porque é coletivo (ou seja, mais ou menos obrigatório), em vez de ser coletivo porque é geral. É um estado do grupo, que se repete nos indivíduos porque se impõe a eles. Está em cada parte porque está no todo, em vez de estar no todo porque está nas partes. É o que é sobretudo evidente em relação às crenças e às práticas que nos são transmitidas acabadas pelas gerações anteriores; nós as recebemos e as adotamos porque, sendo ao mesmo tempo uma obra coletiva e uma obra secular, elas estão investidas de uma autoridade particular que a educação nos ensinou a reconhecer e a respeitar. Ora, cabe notar que a imensa maioria dos fenômenos sociais nos chega por essa via. Mas mesmo quando se deve, em parte, à nossa colaboração direta, o fato social não é de uma natureza diferente. Um sentimento coletivo que explode

---

12. As pessoas não se suicidam em qualquer idade, nem em todas as idades, com a mesma intensidade.

em uma assembleia não expressa simplesmente o que havia de comum entre todos os sentimentos individuais. Ele é algo bem diferente, como mostramos. É uma resultante da vida comum, um produto das ações e reações que se desencadeiam entre as consciências individuais; e se ele ecoa em cada uma delas é em virtude da energia especial que ele deve precisamente à sua origem coletiva. Se todos os corações vibram em uníssono, não é em consequência de uma concordância espontânea e preestabelecida; é porque uma força os move no mesmo sentido. Cada um é arrastado por todos.

Conseguimos então nos representar, de uma maneira precisa, o campo da sociologia. Ele compreende apenas um grupo determinado de fenômenos. Um fato social se reconhece no poder de coerção externa que exerce ou é capaz de exercer sobre os indivíduos; e a presença desse poder se reconhece, por sua vez, quer na existência de alguma sanção determinada, quer na resistência que o fato opõe a qualquer ação individual que possa lhe ser violenta. Contudo, também pode ser definido pela difusão que apresenta no interior do grupo, desde que, segundo as observações anteriores, tenha-se o cuidado de adicionar como segunda e essencial característica que ele existe independentemente das formas individuais que toma ao se difundir. Este último critério, em certos casos, é até mais fácil de aplicar do que o anterior. Com efeito, a coerção é fácil de constatar quando se traduz exteriormente por alguma reação direta da sociedade, como no caso do direito, da moral, das crenças, dos usos, e mesmo das modas. Mas quando não é senão indireta, como a exercida por uma organização econômica, nem sempre ela se deixa perceber tão bem. A generalidade combinada com a objetividade pode então ser mais fácil de estabelecer. Ademais, essa segunda definição não é mais do que uma outra forma da primeira; pois se uma maneira de se conduzir, que existe exteriormente às consciências individuais, se generaliza, isso só pode acontecer impondo-se[13].

---

13. Vê-se o quanto essa definição do fato social se distancia daquela que serve de base ao engenhoso sistema de Tarde. Primeiramente, devemos declarar que nossas pesquisas não nos levaram a constatar em parte alguma essa influência preponderante que Tarde atribui à imitação na gênese dos fatos coletivos. Além disso, da definição precedente, que não é uma teoria, e sim um simples

Contudo, poderiam nos perguntar se essa definição é completa. Com efeito, os fatos que nos forneceram sua base são, sem exceção, *maneiras de fazer*; *eles* são de ordem fisiológica. Ora, há também *maneiras de ser* coletivas, isto é, fatos sociais de ordem anatômica ou morfológica. A sociologia não pode se desinteressar daquilo que se refere ao substrato da vida coletiva. Entretanto, o número e a natureza das partes elementares de que é composta a sociedade, a maneira como estão dispostas, o grau de coalescência a que chegaram, a distribuição da população pela superfície do território, o número e a natureza das vias de comunicação, a forma das habitações etc., não parecem, em um primeiro exame, poder se reduzir aos modos de agir, de sentir ou de pensar. Mas, primeiramente, esses diversos fenômenos apresentam a mesma característica que nos serviu para definir os outros. Essas maneiras de ser se impõem ao indivíduo assim como as maneiras de fazer de que falamos. Com efeito, quando se quer conhecer a forma como uma sociedade se divide politicamente, como essas divisões são compostas, a fusão mais ou menos completa que existe entre elas, não é com o auxílio de uma inspeção material e com observações geográficas que se pode chegar a isso; pois essas divisões são morais, mesmo quando têm alguma base na natureza física. É somente por meio do direito público que é possível estudar essa organização, pois é esse direito que a determina, assim como determina nossas relações domésticas e cívicas. Nem por isso é menos obrigatória. Se a população se espreme em nossas cidades em vez de se dispersar nos campos, é porque há uma corrente de opinião, uma pressão coletiva que

---

resumo dos dados imediatos da observação, parece resultar que não apenas a imitação nem sempre expressa, como também nunca expressa o que há de essencial e de característico no fato social. Com certeza, todo fato social é imitado; ele tem, como acabamos de demonstrar, uma tendência a se generalizar, mas porque ele é social, i. é, obrigatório. Sua força de expansão é, não a causa, mas a consequência de seu caráter sociológico. Se ainda os fatos sociais fossem os únicos a produzir essa consequência, a imitação poderia servir, se não para explicá-los, ao menos para defini-los. Mas um estado individual que repercute nem por isso deixa de ser individual. Ademais, pode-se perguntar se a palavra imitação é realmente a que convém para designar uma propagação devida a uma influência coercitiva. Sob essa única expressão, confundem-se fenômenos muito diferentes e que precisariam ser distinguidos.

impõe aos indivíduos essa concentração. Não podemos escolher a forma de nossas casas, e menos ainda de nossas roupas; pelo menos, uma é obrigatória na mesma medida que a outra. As vias de comunicação determinam de uma maneira imperiosa o sentido no qual se fazem as migrações internas e as trocas, e mesmo a intensidade dessas trocas e dessas migrações etc. Por conseguinte, talvez houvesse, no máximo, espaço para acrescentar à lista dos fenômenos que enumeramos como apresentando o sinal distintivo do fato social uma categoria a mais; e, como essa enumeração não tinha nada de rigorosamente exaustivo, o acréscimo não seria indispensável.

Nem mesmo útil ela é, pois essas maneiras de ser são apenas maneiras de fazer consolidadas. A estrutura política de uma sociedade é apenas a maneira como os diferentes segmentos que a compõem se habituaram a viver uns com os outros. Se suas relações são tradicionalmente estreitas, os segmentos tendem a se confundir; a se distinguir, no caso contrário. O tipo de habitação que se impõe a nós é somente a maneira como todos ao nosso redor e, em parte, as gerações anteriores se acostumaram a construir suas casas. As vias de comunicação não são senão o leito que foi sendo escavado, por correr em um mesmo sentido, pela corrente regular das trocas e das migrações etc. Sem dúvida, se os fenômenos de ordem morfológica fossem os únicos a apresentar essa fixidez, poder-se-ia acreditar que constituem uma espécie à parte. Mas uma regra jurídica é um arranjo não menos permanente do que um tipo arquitetônico e, no entanto, é um fato fisiológico. Uma simples máxima moral é, certamente, mais maleável; mas ela em formas bem mais rígidas do que um simples costume profissional ou do que uma moda. Há assim toda uma gama de nuanças que, sem solução de continuidade, religa os fatos de estrutura mais caracterizados às livres correntes da vida social que ainda não foram confinadas em nenhum molde definido. Portanto, entre eles não há senão diferenças no grau de consolidação que apresentam. Uns e outras não são senão a vida mais ou menos cristalizada. Sem dúvida, pode haver interesse em reservar o nome de morfológicos aos fatos sociais que dizem respeito ao substrato social, mas desde que não se perca de vista que são da mesma natureza que os outros. Nossa definição compreenderá, portanto, toda a precisão se dissermos: *É fato social toda maneira de fazer, fixada ou não, capaz de exercer sobre o indivíduo uma coerção exterior; ou ainda, que é geral na extensão de uma sociedade dada mesmo tendo uma existência própria, independente de suas manifestações individuais*[14].

---

14. Este estreito parentesco da vida e da estrutura, do órgão e da função pode ser facilmente estabelecido em sociologia porque, entre esses dois termos extremos, existe toda uma série de intermediários imediatamente observáveis e que mostra o vínculo entre eles. A biologia não dispõe do mesmo recurso. Mas é possível acreditar que as induções da primeira dessas ciências sobre esse tema são aplicáveis à outra e que, nos organismos como nas sociedades, não existem entre essas duas ordens de fatos senão diferenças de grau.

Capítulo II
Regras relativas à observação dos fatos sociais

A primeira regra e a mais fundamental é considerar os fatos sociais como coisas.

I

No momento em que uma nova ordem de fenômenos torna-se objeto de ciência, eles já se encontram representados no espírito, não apenas por imagens sensíveis, mas por espécies de conceitos grosseiramente formados. Antes dos primeiros rudimentos da física e da química, os homens já tinham sobre os fenômenos físico-químicos noções que iam além da pura percepção; tais como, por exemplo, as que encontramos misturadas a todas as religiões. É que, com efeito, a reflexão é anterior à ciência, que apenas a utiliza com mais método. O homem não pode viver no meio das coisas sem nutrir sobre elas ideias segundo as quais regula sua conduta. Mas como essas noções estão mais próximas de nós e mais ao nosso alcance do que as realidades às quais correspondem, nossa tendência natural é substituir estas últimas por aquelas, transformando-as na matéria mesma de nossas especulações. Em vez de observar as coisas, de descrevê-las, de compará-las, contentamo-nos então em tomar consciência de nossas ideias, em analisá-las, em combiná-las. Em vez de uma ciência de realidades, não fazemos mais do que uma análise ideológica. Sem dúvida, essa análise não exclui necessariamente toda observação. Pode-se recorrer aos fatos para confirmar as noções ou as conclusões que delas se tiram. Mas então os fatos só intervêm secundariamente, a título de exemplos ou de provas confirmatórias; não são o objeto da ciência. Esta vai das ideias às coisas, não das coisas às ideias.

Está claro que esse método não poderia dar resultados objetivos. Com efeito, essas noções, ou conceitos, ou qualquer outro nome que se queira dar, não são os substitutos legítimos das coisas. Como produtos da experiência vulgar, eles têm por objeto, principalmente, colocar nossas ações em harmonia com o mundo que nos rodeia; são formados pela prática e para ela. Ora, uma representação pode ser capaz de cumprir utilmente esse papel mesmo sendo teoricamente falsa. Copérnico, há vários séculos, dissipou as ilusões de nossos sentidos em relação aos movimentos dos astros; e, no entanto, é ainda a partir dessas ilusões que regulamos correntemente a distribuição de nosso tempo. Para que uma ideia desperte os movimentos que a natureza de uma coisa reclama, não é necessário que ela expresse fielmente essa natureza; mas basta que nos faça sentir o que a coisa tem de útil ou de desvantajoso, em que pode nos servir, em que nos contrariar. Embora as noções assim formadas não apresentem essa justeza prática senão de uma maneira aproximativa e somente na generalidade dos casos. Quantas vezes são tão perigosas quanto inadequadas! Não é, portanto, elaborando-as, não importando como isso é feito, que um dia chegaremos a descobrir as leis da realidade. Elas são, ao contrário, como um véu que se interpõe entre as coisas e nós, e que as oculta tanto mais quanto mais o julgarmos transparente.

Não só tal ciência não pode ser senão truncada, como falta-lhe também matéria com que se alimentar. Nem bem existe e já desaparece, por assim dizer, transformando-se em arte. Com efeito, essas noções deveriam conter tudo que há de essencial no real, uma vez que as confundem com o próprio real. Assim, elas parecem ter todo o necessário para nos dar condições não só de compreender o que é, mas de prescrever o que deve ser e os meios de executá-lo. Pois bom é o que está conforme à natureza das coisas; o que lhe é contrário é mau, e os meios para alcançar um e escapar do outro derivam dessa mesma natureza. Se, portanto, a compreendemos de pronto, o estudo da realidade presente não tem mais interesse prático e, como esse interesse é a razão de ser desse estudo, este se encontra doravante sem finalidade. A reflexão é assim estimulada a se desviar do que é o objeto mesmo da ciência, ou seja, o presente e o passado, para se lançar em um único salto em direção ao futuro. Em vez de buscar compreender os fatos adquiridos e realizados, ela começa imediatamente a realizar novos, mais conformes aos fins perseguidos pelos homens. Quando creem saber em que consiste a essência da matéria, começam logo a buscar a pedra filosofal. Esse avanço da arte sobre a ciência, que impede esta de se desenvolver, é aliás facilitado pelas próprias circunstâncias que determinam o despertar da reflexão científica. Pois, como ela nasce apenas para satisfazer as necessidades vitais, está naturalmente orientada para a prática. As necessidades que é chamada a amenizar são sempre imperiosas e, portanto, a pressionam ao êxito; elas exigem, não explicações, mas remédios.

Essa maneira de proceder é tão conforme à inclinação natural de nosso espírito que é encontrada até na origem das ciências físicas. É ela que diferencia a alquimia da química, bem como a astrologia da astronomia. É por ela que Bacon caracteriza o método que os eruditos de sua época seguiam e que ele combate. As noções que acabamos de citar são as *notiones vulgares* ou *praenotiones*[15] que ele observa na base de todas as ciências[16] em que elas tomam o lugar dos fatos[17]. São os *idola*, espécies de fantasmas que nos desfiguram o verdadeiro aspecto das coisas e que, no entanto, tomamos pelas próprias coisas. E uma vez que esse meio imaginário não oferece ao espírito nenhuma resistência é que este, não se sentindo contido por nada, abandona-se às ambições sem limites e considera possível construir, ou melhor, reconstruir o mundo apenas com suas forças e ao sabor de seus desejos.

Se foi assim com as ciências naturais, por maior razão deveria ser o mesmo com a sociologia. Os homens não esperaram o advento da ciência social para formar ideias errôneas sobre o direito, a moral, a família, o Estado, a própria sociedade; pois não podiam abrir mão delas para viver. Ora, é sobretudo em sociologia que essas prenoções, para retomar a expressão de Bacon, estão em condição de dominar os espíritos e de tomar o lugar

---

15. *Novum organum*, I, 26.

16. Ibid., I, 17.

17. Ibid., I, 36.

das coisas. Com efeito, as coisas sociais só se realizam pelos homens; elas são um produto da atividade humana. Não parecem, portanto, ser outra coisa que a execução de ideias, inatas ou não, que carregamos em nós, que a aplicação delas às diversas circunstâncias que acompanham as relações dos homens entre si. A organização da família, do contrato, da repressão, do Estado, da sociedade aparece assim como um simples desenvolvimento das ideias que temos sobre a sociedade, o Estado, a justiça etc. Por conseguinte, esses fatos e seus análogos parecem não ter realidade senão nas e pelas ideias que são seu germe e que se tornam, portanto, a matéria própria da sociologia.

O que completa o reconhecimento dessa maneira de ver é que, como o conjunto da vida social transborda de todos os lados a consciência, esta não tem uma percepção bastante forte desse conjunto para sentir sua realidade. Como não tem em nós amarras bastante sólidas nem bastante próximas, é bem fácil tudo isso nos causar o efeito de não estar preso a nada e de flutuar no vazio, matéria meio irreal e indefinidamente plástica. Eis por que tantos pensadores viram nos arranjos sociais apenas combinações artificiais e mais ou menos arbitrárias. Mas se o conjunto, se as formas concretas e particulares nos escapam, ao menos nós nos representamos os aspectos mais comuns da existência coletiva em linhas gerais e aproximadas, e são precisamente essas representações esquemáticas e sumárias que constituem as prenoções que utilizamos nos usos cotidianos da vida. Não podemos então pensar em duvidar da existência delas, uma vez que a percebemos ao mesmo tempo que a nossa. Não apenas estão em nós, mas, como são um produto de experiências repetidas, elas adquirem pela repetição, e pelo hábito resultante, uma espécie de ascendência e de autoridade. Sentimos que nos resistem quando procuramos nos libertar delas. Ora, não podemos não ver como real o que se opõe a nós. Tudo contribui, pois, a nos fazer ver nelas a verdadeira realidade social.

E, com efeito, até agora, a sociologia tratou de forma mais ou menos exclusiva não de coisas, mas de conceitos. Comte, é verdade, proclamou que os fenômenos sociais são fatos naturais, submetidos às leis naturais. Com isso, reconheceu implicitamente seu caráter de coisas; pois só há coisas na natureza.

Mas quando, saindo dessas generalidades filosóficas, ele tenta aplicar seu princípio e fazer emergir a ciência que nele estava contida, são ideias que ele toma por objeto de estudo. Com efeito, o que constitui a matéria principal de sua sociologia é o progresso da humanidade no tempo. Ele parte da ideia de que há uma evolução contínua do gênero humano que consiste em uma realização sempre mais completa da natureza humana, e o problema que ele trata é encontrar a ordem dessa evolução. Ora, supondo que essa evolução exista, sua realidade só pode ser estabelecida uma vez a ciência feita; só se pode, portanto, fazer dela o objeto mesmo da pesquisa se for posta como uma concepção do espírito, não como uma coisa. E, com efeito, esta é uma representação tão subjetiva que, de fato, esse progresso da humanidade não existe. O que existe, o que apenas é dado à observação, são sociedades particulares que nascem, se desenvolvem e morrem independentemente umas das outras. Se ainda as mais recentes continuassem aquelas que as precederam, cada tipo superior poderia ser considerado como a simples repetição do tipo imediatamente inferior com alguma coisa a mais; seria possível então colocar todos um atrás do outro, por assim dizer, confundindo aqueles que se encontram no mesmo grau de desenvolvimento, e a série assim formada poderia ser vista como representativa da humanidade. Mas os fatos não se apresentam com essa extrema simplicidade. Um povo que substitui outro não é simplesmente um prolongamento deste último com algumas características novas, ele é outro, tem algumas propriedades a mais, outras a menos, constitui uma individualidade nova e todas essas individualidades distintas, sendo heterogêneas, não podem se fundir em uma mesma série contínua, menos ainda em uma série única. Pois a sequência das sociedades não poderia ser representada por uma linha geométrica; assemelha-se antes a uma árvore cujos ramos se direcionam em sentidos divergentes. Em suma, Comte considerou como desenvolvimento histórico a noção que dele tinha e que não difere muito daquela que o homem comum tem. Vista de longe, com efeito, a história aceita bem esse aspecto serial e simples. Percebem-se somente indivíduos que se sucedem uns aos outros e caminham todos na mesma direção porque têm uma mesma natureza. Uma vez que, aliás, não se concebe que a evolução possa ser outra coisa que o desenvolvimento de alguma ideia humana, parece bem natural defini-la pela ideia que dela os homens fazem. Ora, ao proceder assim, não apenas se permanece na ideologia, mas se dá como objeto à sociologia um conceito que nada tem de propriamente sociológico.

Spencer descarta tal conceito, mas para substituí-lo por outro que é formado do mesmo modo. Ele faz das sociedades, e não da humanidade, o objeto da ciência; mas ele logo oferece das primeiras uma definição que faz desaparecer a coisa de que fala para colocar no lugar a prenoção que tem sobre ela. Ele coloca, com efeito, como uma proposição evidente que "uma sociedade só existe quando à justaposição se acrescenta a cooperação", que é somente desse modo que a união dos indivíduos se torna uma sociedade propriamente dita[18]. Depois, partindo desse princípio de que a cooperação é a essência da vida social, ele distingue as sociedades em duas classes de acordo com a natureza da cooperação ali dominante. "Há, diz ele, uma cooperação espontânea que se efetua sem premeditação durante a busca de fins de um caráter privado; há também uma cooperação conscientemente instituída que supõe fins de interesse público claramente reconhecidos"[19]. Às primeiras, ele dá o nome de sociedades industriais; às segundas, o de militares, e pode-se dizer que essa distinção é a ideia-mãe de sua sociologia.

Mas essa divisão inicial enuncia como uma coisa o que não é senão um ponto de vista do espírito. Com efeito, ela se apresenta como a expressão de um fato imediatamente visível e que a observação basta para constatar, uma vez que desde o início da ciência ela é formulada como um axioma. E, contudo, é impossível saber por uma simples inspeção se realmente a cooperação é a totalidade da vida social. Tal afirmação só é cientificamente legítima se começarmos a revisar todas as manifestações da existência coletiva e se demonstrarmos que todas são formas diversas da cooperação. Portanto, é ainda uma

---

18. *Sociol.* tr. fr., III, p. 331, 332.

19. Ibid., p. 332.

certa maneira de conceber a realidade social que substitui essa realidade[20]. O que está assim definido não é a sociedade, e sim a ideia que Spencer faz dela. E se não sente nenhum escrúpulo em proceder assim é porque, também para ele, a sociedade não é e não pode ser senão a realização de uma ideia, ou seja, dessa ideia mesma de cooperação pela qual ele a define[21]. Seria fácil mostrar que, em cada um dos problemas particulares que ele aborda, seu método continua o mesmo. Por isso, embora pareça proceder empiricamente, já que os fatos acumulados em sua sociologia são empregados para ilustrar análises de noções e não para descrever e explicar as coisas, eles parecem só estar ali para fazer figura de argumentos. Na realidade, tudo que há de essencial em sua doutrina pode ser imediatamente deduzido de sua definição da sociedade e das diferentes formas de cooperação. Pois, se a única escolha que temos é entre uma cooperação tiranicamente imposta e uma cooperação livre e espontânea, é evidentemente esta última o ideal para o qual a humanidade tende e deve tender.

Não é somente na base da ciência que se encontram essas noções vulgares, também as encontramos a todo instante na trama dos raciocínios. No estado atual de nossos conhecimentos, não sabemos com certeza o que é que o Estado, a soberania, a liberdade política, a democracia, o socialismo, o comunismo etc., o método pediria, portanto, que não fizéssemos qualquer uso desses conceitos enquanto não estiverem cientificamente constituídos. E, no entanto, as palavras que os expressam retornam com frequência nas discussões dos sociólogos. São empregadas habitualmente e com segurança como se correspondessem a coisas bem conhecidas e definidas, enquanto não nos despertam senão noções confusas, combinações indistintas de impressões vagas, de preconceitos e de paixões. Zombamos hoje dos singulares raciocínios construídos pelos médicos da Idade Média com as noções do quente, do frio, do úmido, do seco etc., e *não percebemos* que continuamos aplicando esse mesmo método à

---

20. Concepção, aliás, controversa (cf. *Division du travail social*, II, p. 2, § 4).

21. "Portanto, a cooperação não poderia existir sem sociedade, e este é o objetivo para o qual uma sociedade existe" (*Principes de sociol.*, III, p. 332).

ordem de fenômenos que o comporta menos do que qualquer outro, por causa de sua extrema complexidade.

Nos ramos especiais da sociologia, esse caráter ideológico é ainda mais evidente.

Sobretudo no caso da moral. Pode-se dizer, com efeito, que não há um único sistema em que ela não seja representada como o simples desenvolvimento de uma ideia inicial que a conteria integralmente em potência. Essa ideia, uns creem que o homem a encontra totalmente pronta dentro dele desde seu nascimento; outros, ao contrário, que ela se forma com maior ou menor lentidão ao longo da história. Mas, tanto para uns quanto para outros, tanto para os empiristas quanto para os racionalistas, ela é tudo que há de verdadeiramente real em moral. Quanto ao conjunto das regras jurídicas e morais, elas não teriam, por assim dizer, existência por si mesmas, mas seriam somente essa noção fundamental aplicada às circunstâncias particulares da vida, e diversificada conforme os casos. Por conseguinte, o objeto da moral não poderia ser esse sistema de preceitos sem realidade, e sim a ideia da qual eles decorrem e da qual são apenas aplicações variadas. Por isso todas as questões que a ética normalmente se coloca dizem respeito não a coisas, mas a ideias; o que se trata de saber é em que consiste a ideia do direito, a ideia da moral, não qual é a natureza da moral e do direito tomados em si mesmos. Os moralistas ainda não chegaram a essa concepção muito simples de que, assim como nossa representação das coisas sensíveis vêm dessas coisas mesmas e as expressa com maior ou menor exatidão, nossa representação da moral vem do espetáculo mesmo das regras que funcionam sob nossos olhos e as representa esquematicamente; de que, por conseguinte, são essas regras, e não a visão sumária que temos delas, que formam a matéria da ciência, da mesma forma que a física tem por objeto os corpos tais como existem, e não a ideia que o homem comum se faz deles. O resultado é que se toma como base da moral o que não é senão o topo, ou seja, a maneira como ela se prolonga nas consciências individuais e nelas ressoa. E não é apenas nos problemas mais gerais da ciência que esse método é seguido; ele permanece o mesmo nas questões especiais. Das ideias essenciais que estuda no início, o moralista passa às ideias secundárias de família, de pátria, de responsabilidade, de caridade, de justiça; mas é sempre às ideias que sua reflexão se aplica.

O mesmo se pode dizer da economia política. Segundo Mill, ela tem como objeto os fatos sociais que se produzem principal ou exclusivamente para a aquisição das riquezas[22]. Mas, para que os fatos assim definidos pudessem ser designados, como coisas, à observação do erudito, seria pelo menos necessário que se pudesse indicar por qual sinal é possível reconhecer aqueles que satisfazem essa condição. Ora, no início da ciência, ainda não se tem legitimidade para afirmar que eles existem, menos ainda para saber quais são eles. Em toda ordem de pesquisas, com efeito, é só quando a explicação dos fatos está bastante avançada que é possível estabelecer que eles têm um objetivo e qual é este. Não existe problema mais complexo nem menos suscetível de ser solucionado de pronto. Nada, portanto, nos garante de antemão que exista uma esfera da atividade social em que o desejo da riqueza cumpra realmente esse papel preponderante. Por conseguinte, a matéria da economia política, assim compreendida, é feita não de realidades que podem ser reveladas, mas de simples possíveis, de puras concepções do espírito; ou seja, fatos que o economista concebe como relacionados ao fim em questão, e tais como ele os concebe. Por exemplo, a sua pretensão é estudar o que chama a produção? De imediato, ele pensa que pode enumerar os principais agentes com a ajuda dos quais ela ocorre e revisá--los. Isso porque não reconheceu a existência deles observando de quais condições dependia a coisa que ele estuda; pois então teria começado por expor as experiências das quais tirou essa conclusão. Se, desde o início da pesquisa e em poucas palavras, ele procede a essa classificação, é porque a obteve por uma simples análise lógica. Ele parte da ideia de produção; ao decompô-la, descobre que ela implica logicamente aquelas de forças naturais, de trabalho, de instrumento ou de capital e, em seguida, trata da mesma maneira essas ideias derivadas[23].

---

22. *Système de logique*, III, p. 496.

23. Esse caráter surge das próprias expressões empregadas pelos economistas. Trata-se sempre de ideias, da ideia de útil, da ideia de poupança, de investi-

A teoria do valor, a mais fundamental de todas as teorias econômicas, é manifestamente construída segundo o mesmo método. Se o valor fosse estudado como uma realidade deve sê-lo, verse-ia, em primeiro lugar, o economista indicar em que se pode reconhecer a coisa chamada por esse nome, depois classificar suas espécies, buscar por induções metódicas as causas em função das quais elas variam, comparar, por fim, esses diversos resultados para deles retirar uma fórmula geral. Portanto, teoria só poderia vir quando a ciência tivesse bem avançada. Em vez disso, ela é encontrada já no início. É que, para fazê-la, o economista contenta-se em se concentrar, em tomar consciência da ideia que se faz do valor, isto é, de um objeto que pode ser trocado; descobre que ele implica a ideia do útil, do raro etc., e é com esses produtos de sua análise que constrói sua definição. Com certeza ele a confirma com alguns exemplos. Mas, quando se pensa nos incontáveis fatos que devem ser explicados por tal teoria, como reconhecer o menor valor demonstrativo dos fatos, necessariamente muito raros, que são assim citados ao acaso da sugestão?

Por isso, em economia política como em moral, a parte da investigação científica é muito restrita; a da arte, preponderante. Em moral, a parte teórica se reduz a algumas discussões sobre a ideia do dever, do bem e do direito. Além disso, essas especulações abstratas não constituem uma ciência, literalmente falando, uma vez que têm como objeto determinar não o que é, de fato, a regra suprema da moralidade, mas o que ela deve ser. Do mesmo modo, o mais importante nas pesquisas dos economistas é a questão de saber, por exemplo, se a sociedade *deve ser* organizada segundo as concepções dos individualistas ou segundo a dos socialistas; se *é melhor* que o Estado intervenha nas relações industriais e comerciais ou as abandone completamente à iniciativa privada; se o sistema monetário *deve ser* monometalismo ou bimetalismo etc. Nessas pesquisas, as leis propriamente ditas são pouco numerosas; mesmo as que se tem o hábito de chamar assim geralmente não merecem essa qualificação, mas são apenas máximas de ação, preceitos práticos disfarçados. Eis,

---

mento, de despesa (cf. GIDE. *Principes d'économie politique*, livro III, cap. 1, § 1; cap. II, § 1; e cap. III, § 1).

por exemplo, a famosa lei da oferta e da procura. Ela nunca foi estabelecida indutivamente, como expressão da realidade econômica. Nunca uma experiência, uma comparação metódica foi instituída para estabelecer que, *de fato*, é segundo essa lei que procedem as relações econômicas. Tudo que se pôde fazer e tudo que se fez foi demonstrar dialeticamente que os indivíduos devem proceder desse modo, se conhecem bem seus interesses; pois qualquer outra maneira de fazer lhes seria prejudicial e implicaria por parte daqueles que a isso se prestassem em uma verdadeira aberração lógica. É lógico que as indústrias mais produtivas sejam as mais procuradas; que os detentores dos produtos mais procurados e mais raros os vendam pelo preço mais alto. Mas essa necessidade totalmente lógica em nada se assemelha àquela que as verdadeiras leis da natureza apresentam. Estas expressam as relações segundo as quais os fatos se encadeiam realmente, não a maneira como deveriam se encadear.

O que dizemos dessa lei pode ser repetido de todas as que a escola econômica ortodoxa qualifica como naturais e que, aliás, não passam de casos particulares da precedente. Elas são naturais, se assim se quiser, na medida em que enunciam os meios que é ou que pode parecer natural empregar para atingir este suposto fim; mas não devem ser chamadas por esse nome, se, por lei natural, se compreender toda maneira de ser da natureza, indutivamente constatada. Elas são, em suma, apenas conselhos de sabedoria prática e, se foi possível, mais ou menos especiosamente, apresentá-las como a expressão mesma da realidade, é que, com ou sem razão, acreditou-se ser possível supor que esses conselhos eram efetivamente seguidos pela maioria dos homens e na maioria dos casos.

E, contudo, os fenômenos sociais são coisas e devem ser tratados como coisas. Para demonstrar essa proposição não é necessário filosofar sobre sua natureza, discutir as analogias que apresentam com os fenômenos dos reinos inferiores. Basta constatar que são o único *datum* oferecido ao sociólogo. É coisa, com efeito, tudo que é dado, tudo que se oferece, ou melhor, se impõe à observação. Tratar fenômenos como coisas é tratá-los na qualidade de *data* que constituem o ponto de partida da ciência. Os fenômenos sociais apresentam incontestavelmente esse caráter. O que nos é dado não é a ideia que os homens se fazem do valor, pois ela é inacessível: são os valores que se trocam realmente ao longo das relações econômicas. Não é esta ou aquela concepção do ideal moral; é o conjunto das regras que determinam efetivamente a conduta. Não é a ideia do útil ou da riqueza; é todo o conjunto da organização econômica. É possível que a vida social seja apenas o desenvolvimento de certas noções; mas, supondo que seja assim, essas noções não são dadas imediatamente. Não se pode, portanto, alcançá-las diretamente, mas somente por meio da realidade fenomenal que as expressa. Não sabemos *a priori* quais ideias estão na origem das diversas correntes entre as quais se divide a vida social, nem se elas existem; só depois de tê-las remontado até suas fontes é que saberemos de onde provêm.

Portanto é preciso considerar os fenômenos sociais em si mesmos, desvinculados dos sujeitos conscientes que os criam; é preciso estudá-los a partir de fora como coisas exteriores, pois é nessa qualidade que se apresentam a nós. Se essa exterioridade for só aparente, a ilusão se dissipará à medida que a ciência avançar e ver-se-á, por assim dizer, o de fora entrar no de dentro. Mas a solução não pode ser presumida e, ainda que, finalmente, eles não tivessem todos os caracteres intrínsecos da coisa, devem primeiro ser tratados como se os tivessem. Essa regra se aplica, portanto, a toda realidade social, sem a possibilidade de qualquer exceção. Mesmo os fenômenos que parecem muito mais consistir em arranjos artificiais devem ser considerados desse ponto de vista. *O caráter convencional de uma prática ou de uma instituição nunca deve ser presumido.* Se, aliás, nos for permitido invocar nossa experiência pessoal, cremos ser possível assegurar que, procedendo dessa maneira, será frequente a satisfação de ver os fatos aparentemente mais arbitrários apresentarem, após uma observação mais atenta dos caracteres de constância e de regularidade, sintomas de sua objetividade.

No mais, e de uma maneira geral, o que foi dito anteriormente sobre os caracteres distintivos do fato social, basta para nos tranquilizar sobre a natureza dessa objetividade e para provar que ela não é ilusória. Com efeito, reconhece-se principalmente uma coisa pelo sinal de que não pode ser modificada por um simples decreto da vontade. Não que ela seja refratária a qualquer modificação. Mas, para produzir uma mudança nela, não basta querer, é preciso também um esforço mais ou menos laborioso devido à resistência que ela nos opõe e que, aliás, nem sempre pode ser vencida. Ora, vimos que os fatos sociais têm essa propriedade. Em vez de serem um produto de nossa vontade, eles a determinam a partir de fora; consistem em espécies de moldes nos quais somos obrigados a despejar nossas ações. Muitas vezes, mesmo essa necessidade é de tal ordem que não podemos escapar a ela. E até quando conseguimos vencê-la, a oposição que encontramos basta para nos advertir de que estamos na presença de algo que não depende de nós. Portanto, ao considerar os fenômenos sociais como coisas, não faremos senão nos conformar à natureza deles.

Afinal, a reforma que se trata de introduzir em sociologia é em todos os pontos idêntica à que transformou a psicologia nestes últimos trinta anos. Assim como Comte e Spencer declaram que os fatos sociais são fatos de natureza, sem, no entanto, tratá-los como coisas, as diferentes escolas empíricas tinham há tempos reconhecido o caráter natural dos fenômenos psicológicos, mesmo que continuassem a lhes aplicar um método puramente ideológico. Com efeito, os empiristas, não menos do que seus adversários, procediam exclusivamente por introspecção. Ora, os fatos que só observamos em nós mesmos são demasiado raros, demasiado fugidios, demasiado maleáveis para poderem se impor às noções correspondentes que o hábito fixou em nós e ditar-lhes a lei. Portanto, quando estas últimas não são submetidas a um outro controle, nada lhes faz contrapeso; por conseguinte, elas tomam o lugar dos fatos e constituem a matéria da ciência. Por isso, nem Locke, nem Condillac consideraram os fenômenos psíquicos objetivamente. Não é a sensação que estudam, mas uma certa ideia da sensação. É por isso que, embora em alguns aspectos tenham aberto o caminho para o advento da psicologia científica, esta só surgiu realmente muito mais tarde, quando enfim se chegou a essa concepção de que os estados de consciência podem e devem ser considerados a partir de fora, e não do ponto de vista da consciência que os experimenta. Esta foi a grande revolução realizada nesse tipo de estudos. Todos os procedimentos particulares, todos os métodos novos que enriqueceram essa ciência, são apenas meios diversos para realizar mais completamente essa ideia fundamental. É esse mesmo progresso que resta a fazer em sociologia. É preciso que ela passe do estágio subjetivo, que ainda não ultrapassou, à fase objetiva.

Aliás, essa passagem é menos difícil de efetuar do que em psicologia. Com efeito, os fatos psíquicos são naturalmente dados como estados do sujeito, dos quais nem mesmo parecem separáveis. Interiores por definição, parece que não se pode tratá-los como exteriores senão violentando sua natureza. É preciso não só um esforço de abstração, como também todo um conjunto de procedimentos e de artifícios para conseguir considerá-los desse viés. Pelo contrário, os fatos sociais têm mais naturalmente e mais imediatamente todos os caracteres da coisa. O direito existe nos códigos, os movimentos da vida cotidiana se inscrevem nos números da estatística, nos monumentos da história; as modas nos costumes, os gostos nas obras de arte. Em virtude de sua própria natureza, eles tendem a se constituir fora das consciências individuais, já que as dominam. Para vê-los sob seu aspecto de coisas não é portanto necessário torturá-los com engenhosidade. Desse ponto de vista, a sociologia tem sobre a psicologia uma séria vantagem que até agora não foi percebida e que deve acelerar o seu desenvolvimento. Os fatos são talvez mais difíceis de interpretar porque são mais complexos, mas são mais fáceis de alcançar. A psicologia, ao contrário, não só tem dificuldade de elaborá-los, como também de percebê-los. Por conseguinte, pode-se pensar que, tão logo esse princípio do método sociológico seja unanimemente reconhecido e praticado, veremos a sociologia progredir com uma rapidez que a lentidão atual de seu desenvolvimento dificilmente sugere, e até mesmo recuperar o avanço que a psicologia deve apenas à sua anterioridade histórica[24].

---

24. É verdade que a complexidade maior dos fatos sociais torna a ciência mais difícil. Mas, em contrapartida, precisamente porque a sociologia é a última a chegar, ela tem condições de aproveitar os progressos realizados pelas ciências inferiores e de se instruir em sua escola. Essa utilização das experiências feitas não pode deixar de acelerar seu desenvolvimento.

II

Mas a experiência de nossos predecessores nos mostrou que, para assegurar a realização prática da verdade que acaba de ser estabelecida, não basta fornecer uma demonstração teórica nem mesmo impregnar-se dela. O espírito inclina-se tão naturalmente a menosprezá-la que recairemos inevitavelmente nos antigos erros se não nos submetermos a uma disciplina rigorosa, cujas regras principais, corolários da precedente, vamos formular.

1°) O primeiro desses corolários é que é preciso descartar sistematicamente todas as prenoções

Não é necessária uma demonstração especial dessa regra, ela resulta de tudo que dissemos anteriormente. Aliás, ela é a base de todo método científico. A dúvida metódica de Descartes, no fundo, é apenas sua aplicação. Se, no momento em que vai fundar a ciência, Descartes se impõe a obrigação de pôr em dúvida todas as ideias que havia recebido, é porque não quer empregar senão conceitos cientificamente elaborados, ou seja, construídos segundo o método que ele institui: todos os que ele considera de outra origem devem ser rejeitados, ao menos provisoriamente. Já vimos que a Teoria dos Ídolos, em Bacon, não tem outro sentido. As duas grandes doutrinas que com tanta frequência foram opostas uma à outra concordam nesse ponto essencial. Portanto, é preciso que o sociólogo, quer no momento em que determina o objeto de suas pesquisas, quer no decorrer de suas demonstrações, recuse-se categoricamente a empregar esses conceitos que se formaram fora da ciência e por necessidades que nada têm de científico. É preciso que se liberte dessas falsas evidências que dominam o espírito do homem comum, que se livre, de uma vez por todas, do jugo dessas categorias empíricas que um longo costume muitas vezes acabou por tornar tirânicas. Se, por vezes, a necessidade o obrigar a recorrer a elas, ao menos que o faça tendo consciência de seu pouco valor, para que não cumpram na doutrina um papel de que não são dignas.

O que torna essa libertação particularmente difícil em sociologia é que muitas vezes o sentimento acaba intervindo. Na verdade, apaixonamo-nos muito mais por nossas crenças políticas e religiosas, por nossas práticas morais do que pelas coisas do mundo físico; por conseguinte, esse caráter passional se comunica à maneira como concebemos e como nos explicamos as primeiras. As ideias que fazemos sobre elas nos são caras, assim como seus objetos, e adquirem assim uma autoridade tal que não suportam a contradição. Toda opinião que as estorva é tratada como inimiga. Por exemplo, uma proposição não está de acordo com a ideia que se faz do patriotismo, ou da dignidade individual? Ela é negada, sejam quais forem as provas nas quais se apoia. Não se pode admitir que seja verdadeira; menos ainda que seja aceita, e a paixão, para se justificar, sente-se à vontade para sugerir razões que são consideradas facilmente decisivas. Essas noções podem até ter um prestígio tal que não toleram nem mesmo o exame científico. O simples fato de submetê-las, assim como os fenômenos que elas expressam, a uma fria e seca análise revolta certos espíritos. Aquele que pretende estudar a moral a partir de fora e como uma realidade exterior, parece a esses delicados desprovido de senso moral, como o vivissecionista parece ao homem comum desprovido da sensibilidade comum. Em vez de admitir que esses sentimentos derivam da ciência, creem que devem recorrer a eles para fazer a ciência das coisas às quais se referem. Como escreve um eloquente historiador das religiões: "Ai do erudito que aborda as coisas de Deus sem ter no fundo de sua consciência, na profundeza indestrutível de seu ser, lá onde dorme a alma dos antepassados, um santuário desconhecido do qual se eleva por instantes um perfume de incenso, uma linha de salmo, um grito doloroso ou triunfal que, quando criança, lançou ao céu depois de seus irmãos e que o recoloca em súbita comunhão com os profetas de outros tempos!"[25]

A força jamais será excessiva para lutar contra essa doutrina mística que – como todo misticismo, aliás – não é, no fundo, senão um empirismo disfarçado, negador de toda ciência. Os sentimentos que têm por objeto as coisas sociais não têm privilégio sobre os outros, pois não têm uma origem diferente. Também eles se formaram historicamente; são um produto da experiên-

---

25. DARMESTETER, J. *Les prophètes d'Israël*, p. 9.

cia humana, mas de uma experiência confusa e inorganizada. Não se devem a uma qualquer antecipação transcendental da realidade, mas são a resultante de todo tipo de impressões e de emoções acumuladas sem ordem, ao acaso das circunstâncias, sem interpretação metódica. Em vez de nos trazerem conhecimentos superiores aos conhecimentos racionais, são feitos exclusivamente de estados fortes, é verdade, mas desordenados. Consentir-lhes tal preponderância é dar às faculdades inferiores da inteligência a supremacia sobre as mais elevadas, é se condenar a uma logomaquia mais ou menos oratória. Uma ciência assim feita pode satisfazer somente os espíritos que preferem pensar mais com sua sensibilidade do que com seu entendimento, que preferem as sínteses imediatas e confusas da sensação às análises pacientes e luminosas da razão. O sentimento é objeto de ciência, não critério da verdade científica. No mais, não existe ciência que, em seus inícios, não tenha encontrado resistências análogas. Houve um tempo em que os sentimentos relativos às coisas do mundo físico, tendo eles próprios um caráter religioso ou moral, opunham-se com não menos força ao estabelecimento das ciências físicas. Pode-se então acreditar que, expulso de ciência em ciência, esse preconceito acabará desaparecendo da própria sociologia, seu último refúgio, para deixar o terreno livre ao erudito.

2º) Mas a regra precedente é totalmente negativa

Ela ensina ao sociólogo a escapar ao império das noções vulgares, para dedicar sua atenção aos fatos; mas não diz de que maneira ele deve perceber estes últimos para torná-los um estudo objetivo.

Toda investigação científica refere-se a um grupo determinado de fenômenos que respondem a uma mesma definição. Portanto, o primeiro passo do sociólogo deve ser definir as coisas de que trata, para que se saiba e que ele saiba o que está em questão. Essa é a primeira e a mais indispensável condição de toda experiência e de toda verificação; uma teoria, com efeito, só pode ser controlada caso se saiba reconhecer os fatos que ela deve explicar. Além do mais, uma vez que é por essa definição inicial que é constituído o próprio objeto da ciência, este será uma coisa ou não, segundo a maneira como essa definição será feita.

Para que seja objetiva é preciso evidentemente que ela expresse os fenômenos em função não de uma ideia do espírito, mas de propriedades que lhes são inerentes. É preciso que ela os caracterize por um elemento da natureza deles, não pela conformidade deles a uma noção mais ou menos ideal. Ora, no momento em que a pesquisa vai somente começar, quando os fatos ainda não foram submetidos a nenhuma elaboração, os únicos de seus caracteres que podem ser percebidos são aqueles suficientemente exteriores para serem imediatamente visíveis. Os situados mais profundamente são, sem dúvida, mais essenciais; seu valor explicativo é maior, mas são desconhecidos nessa fase da ciência e só podem ser antecipados se se substituir a realidade por alguma concepção do espírito. Portanto é entre os primeiros que se deve buscar a matéria dessa definição fundamental. Por outro lado, está claro que essa definição deverá compreender, sem exceção nem distinção, todos os fenômenos que apresentam igualmente esses mesmos caracteres, pois não temos nenhuma razão nem nenhum meio de escolher entre eles. Essas propriedades são então tudo o que sabemos do real; por conseguinte, elas devem determinar soberanamente a maneira como os fatos devem ser agrupados. Não possuímos nenhum outro critério que possa, mesmo parcialmente, suspender os efeitos do precedente. De onde a seguinte regra: *Não tomar jamais por objeto de pesquisas senão um grupo de fenômenos previamente definidos por certos caracteres exteriores que lhes são comuns e compreender na mesma pesquisa todos aqueles que correspondem a essa definição.* Por exemplo, constatamos a existência de um certo número de atos que apresentam esse caráter exterior que, uma vez realizados, determinam por parte da sociedade essa reação particular que é chamada pena. Com eles formamos um grupo *sui generis*, ao qual impomos uma rubrica comum; chamamos crime todo ato punido e fazemos do crime assim definido o objeto de uma ciência especial: a criminologia. Do mesmo modo, observamos, no interior de todas as sociedades conhecidas, a existência de uma sociedade parcial, reconhecível pelo sinal exterior de ser formada, em grande parte, por indivíduos consanguíneos uns dos outros e que estão unidos entre si por laços jurídicos. Com os fatos que a ela se relacionam formamos um grupo particular, ao qual damos um nome particular; são os fenômenos da vida doméstica. Chamamos família todo agregado desse tipo e fazemos da família assim definida o objeto de uma investigação específica que ainda não recebeu uma denominação determinada na terminologia sociológica. Quando, mais tarde, passarmos da família em geral aos diferentes tipos familiares, a mesma regra será aplicada. Quando abordarmos, por exemplo, o estudo do clã, ou da família maternal, ou da família patriarcal, começaremos por defini-los e segundo o mesmo método. O objeto de cada problema, tanto geral como particular, deve ser constituído segundo o mesmo princípio.

Ao proceder assim, o sociólogo, desde seu primeiro passo, toma imediatamente pé da realidade. Com efeito, o modo como os fatos são assim classificados não depende dele, da orientação particular de seu espírito, mas da natureza das coisas. O sinal que leva a organizá-los nesta ou naquela categoria pode ser mostrado a todos, reconhecido por todos, e as afirmações de um observador podem ser controladas pelos outros. É verdade que a noção assim constituída nem sempre se enquadra ou nem mesmo se enquadra na noção comum. Por exemplo, é evidente que, para o senso comum, os fatos de livre-pensamento ou as faltas à etiqueta, tão regular e severamente punidos em muitas sociedades, não são vistos como crimes mesmo em relação a essas sociedades. Do mesmo modo, um clã não é uma família, na acepção usual da palavra. Mas pouco importa, pois não se trata simplesmente de descobrir um meio que nos permita encontrar com segurança suficiente os fatos aos quais se aplicam as palavras da língua corrente e as ideias que traduzem. É preciso constituir novos conceitos a partir do zero, apropriados às necessidades da ciência e expressos com a ajuda de uma terminologia específica. Não é, sem dúvida, que o conceito vulgar seja inútil ao erudito; ele serve de indicador. Por meio dele somos informados de que existe em alguma parte um conjunto de fenômenos que são reunidos sob uma mesma denominação e que, por conseguinte, devem provavelmente ter caracteres comuns; e às vezes, como ele sempre acaba tendo algum contato com os fenômenos, até pode nos indicar, mas em linhas gerais, em que direção devem ser buscados. Mas, como é grosseiramente formado, é muito natural que não coincida exatamente com o conceito científico, instituído naquela ocasião[26].

Por mais evidente e importante que seja essa regra, ela é pouco observada em sociologia. Precisamente porque trata de coisas de que falamos a todo momento, como a família, a propriedade, o crime etc., na maioria das vezes parece inútil ao sociólogo dar-lhes uma definição prévia e rigorosa. Estamos tão habituados a utilizar essas palavras, que volta e meia retornam no decorrer das conversas, que parece inútil esclarecer o sentido no qual as tomamos. Referimo-nos simplesmente à sua noção comum. Mas esta é muitas vezes ambígua. Essa ambiguidade faz com que se reúna sob um mesmo nome e em uma mesma explicação coisas na realidade muito diferentes. Daí provêm inextricáveis confusões. Assim, existem dois tipos de uniões monogâmicas: umas o são de fato, outras de direito. Nas primeiras, o marido tem só uma mulher ainda que, juridicamente, ele possa ter muitas outras; nas segundas, ser polígamo lhe é legalmente interditado. A monogamia de fato é observada em várias espécies animais e em certas sociedades inferiores, não como algo esporádico, e sim com a mesma generalidade como se fosse imposta por lei. Quando a população está dispersa em uma vasta superfície, a trama social é muito frouxa e, por conseguinte, os indivíduos vivem isolados uns dos outros. Portanto, é natural que cada homem busque por uma mulher e apenas uma, porque, nesse estado de isolamento, é difícil para ele ter várias mulheres. A monogamia obrigatória, ao contrário, só se observa nas sociedades mais elevadas. Esses dois tipos de sociedades conjugais

---

26. Na prática, parte-se sempre do conceito vulgar e da palavra vulgar. O que se procura é se, entre as coisas que essa palavra conota confusamente, existem aquelas que apresentam caracteres exteriores comuns. Se existem e se o conceito formado pelo agrupamento dos fatos assim relacionados coincide, se não totalmente (o que é raro), ao menos em grande parte, com o conceito vulgar, será possível continuar a designar o primeiro pela mesma palavra que o segundo e manter na ciência a expressão habitual na língua corrente. Mas, se a distância é por demais considerável, se a noção comum confunde uma pluralidade de noções distintas, a criação de termos novos e especiais se impõe.

têm, portanto, uma significação muito diferente, e, no entanto, a mesma palavra serve para designá-las; pois certos animais são comumente chamados monógamos, ainda que entre eles nada haja que se assemelhe a uma obrigação jurídica. Ora, ao abordar o estudo do casamento, Spencer emprega a palavra monogamia, sem defini-la, com seu sentido usual e equívoco. O resultado é que a evolução do casamento lhe parece apresentar uma incompreensível anomalia, uma vez que crê observar a forma superior da união sexual desde as primeiras fases do desenvolvimento histórico, quando, em vez disso, ela parece desaparecer no período intermediário para reaparecer logo a seguir. Sua conclusão é de que não há relação regular entre o progresso social em geral e o avanço progressivo para um tipo perfeito de vida familiar. Uma definição oportuna teria prevenido esse erro[27].

Em outros casos, toma-se o cuidado de definir o objeto da pesquisa; mas, em vez de incluir na definição e de agrupar sob a mesma rubrica todos os fenômenos que têm as mesmas propriedades exteriores, faz-se entre eles uma triagem. Escolhem-se alguns, espécie de elite, que são vistos como os únicos que têm direito a esses caracteres. Quanto aos outros, são considerados como se tivessem usurpado esses sinais distintivos e não são levados em conta. Mas é fácil prever que dessa maneira não se pode obter senão uma noção subjetiva e truncada. Essa eliminação, com efeito, só pode ser feita segundo uma ideia preconcebida, uma vez que, no início da ciência, nenhuma pesquisa conseguiu estabelecer a realidade dessa usurpação, supondo-se que ela seja possível. Os fenômenos escolhidos só podem ter sido retidos porque estavam, mais do que os outros, conformes à concepção ideal que se fazia desse tipo de realidade. Garofalo, por exemplo, no início de sua *Criminologie*, demonstra muito bem que o ponto de partida dessa ciência deve ser "a noção sociológica do crime"[28]. Mas, para constituir essa noção, ele não compara indistintamente todos os atos que, nos diferentes

---

27. É a mesma ausência de definição que, por vezes, fez dizer que a democracia se encontrava igualmente no começo e no fim da história. A verdade é que a democracia primitiva e a de hoje são muito diferentes uma da outra.

28. *Criminologie*, p. 2.

tipos sociais, foram reprimidos com penas regulares, mas somente alguns deles, ou seja, aqueles que ofendem a parte média e imutável do senso moral. Quanto aos sentimentos morais que desapareceram no decorrer da evolução, eles não lhe parecem fundados na natureza das coisas pelo fato de não conseguirem se manter; por conseguinte, os atos que foram reputados criminosos porque os violavam, parecem-lhe dever essa denominação apenas a circunstâncias acidentais e mais ou menos patológicas. Mas é em virtude de uma concepção bastante pessoal da moralidade que ele efetua essa eliminação. Ele parte da ideia de que a evolução moral, tomada em sua própria fonte ou nos arredores, carrega todo tipo de escórias e de impurezas que, em seguida, ela elimina progressivamente, e que só hoje ela conseguiu se livrar de todos os elementos adventícios que, primitivamente, estorvavam seu curso. Mas esse princípio não é nem um axioma evidente, nem uma verdade demonstrada; não passa de uma hipótese, que nada justifica. As partes variáveis do senso moral não estão menos fundadas na natureza das coisas do que as partes imutáveis; as variações pelas quais passaram as primeiras apenas atestam que as próprias coisas variaram. Em zoologia, as formas particulares das espécies inferiores não são vistas como menos naturais do que as que se repetem em todos os graus da escala animal. Do mesmo modo, os atos taxados como crimes pelas sociedades primitivas, e que perderam essa qualificação, são realmente criminosos em relação a essas sociedades, bem como os que continuamos a reprimir hoje. Os primeiros correspondem às condições mutáveis da vida social, os segundos às condições constantes, mas uns não são mais artificiais do que os outros.

E mais: mesmo que esses atos tivessem assumido indevidamente o caráter criminológico, ainda assim não deveriam ser radicalmente separados dos outros: pois as formas mórbidas de um fenômeno não são de uma natureza diferente das formas normais e, por conseguinte, é necessário observar tanto as primeiras como as segundas para determinar essa natureza. A doença não se opõe à saúde; são duas variedades do mesmo gênero e que se esclarecem mutuamente. Esta é uma regra há muito tempo reconhecida e praticada tanto em biologia como em psicologia, e que o sociólogo não é menos obrigado a respeitar. A menos que se admita que um mesmo fenômeno possa ocorrer ora por uma causa, ora por outra, isto é, a menos que se negue o princípio de causalidade, as causas que imprimem em um ato, mas de maneira anormal, o sinal distintivo do crime não poderiam diferir em espécie daquelas que produzem normalmente o mesmo efeito; elas se distinguem apenas em grau ou porque não agem no mesmo conjunto de circunstâncias. O crime anormal também é, portanto, um crime e deve, pois, entrar na definição do crime. E o que se verifica? Que Garofalo considera como gênero o que é apenas espécie ou mesmo uma simples variedade. Os fatos aos quais se aplica sua fórmula da criminalidade representam apenas uma ínfima minoria entre aqueles que ela deveria compreender, pois ela não convém nem aos crimes religiosos, nem aos crimes contra a etiqueta, o cerimonial, a tradição etc. que, se desapareceram de nossos códigos modernos, preenchem, ao contrário, quase todo o direito penal das sociedades anteriores.

É a mesma falta de método que faz com que certos observadores recusem aos selvagens qualquer espécie de moralidade[29]. Eles partem da ideia de que nossa moral é a moral; ora, é evidente que ela é desconhecida dos povos primitivos ou que entre eles não exista senão em estado rudimentar. Mas essa definição é arbitrária. Apliquemos nossa regra e tudo muda. Para decidir se um preceito é moral ou não, devemos examinar se ele apresenta ou não o sinal exterior da moralidade; esse sinal consiste em uma sanção repressiva difusa, isto é, em uma desaprovação da opinião pública que vinga qualquer violação do preceito. Todas as vezes que estamos diante de um fato que apresenta esse caráter, não temos o direito de lhe negar a qualificação de moral, pois é a prova de que ele é da mesma natureza que os outros fatos morais. Mas não só regras desse gênero são encontradas nas sociedades inferiores, como nelas são mais numerosas do que entre os civilizados. Muitos atos que, atualmente, estão aban-

---

29. Cf. LUBBOCK. *Les origines de la civilisation,* cap. VIII. Mais geralmente ainda, dizem, não menos falsamente, que as religiões antigas são amorais ou imorais. A verdade é que elas têm sua própria moral.

donados à livre-apreciação dos indivíduos são então impostos obrigatoriamente. Vê-se a que erros se é levado quando ou não se define, ou quando se define mal.

Mas, dirão, definir os fenômenos por seus caracteres aparentes não é atribuir às propriedades superficiais uma espécie de preponderância sobre os atributos fundamentais; não é, por uma verdadeira inversão da ordem lógica, apoiar as coisas em seus pontos mais altos, e não em suas bases? É assim que, quando se define o crime pela pena, expõe-se quase inevitavelmente a ser acusado de querer derivar o crime da pena ou, segundo uma citação bem conhecida, de ver no cadafalso a fonte da vergonha, não do ato expiado. Mas a crítica assenta-se em uma confusão. Uma vez que a definição cuja regra acabamos de dar está colocada no início da ciência, ela não poderia ter como objeto expressar a essência da realidade; deve apenas nos dar condições de chegar a ela posteriormente. Tem como única função nos fazer entrar em contato com as coisas e, como estas só podem ser alcançadas pelo espírito a partir de fora, é pelo exterior delas que ela as expressa. Mas nem por isso as explica; fornece apenas o primeiro ponto de apoio necessário às nossas explicações. Claro que não é a pena que faz o crime, mas é por meio dela que ele se revela exteriormente a nós, e é dela, por conseguinte, que é preciso partir se quisermos chegar a compreendê-lo.

A objeção só seria fundada se esses caracteres exteriores fossem ao mesmo tempo acidentais, isto é, se não estivessem ligados às propriedades fundamentais. Nessas condições, a ciência, com efeito, depois de tê-los assinalado, não teria nenhum meio de avançar mais; não poderia aprofundar-se mais na realidade, uma vez que não haveria nenhuma relação entre a superfície e o fundo. Mas, a menos que o princípio de causalidade não seja uma palavra inútil, quando caracteres determinados se encontram identicamente e sem nenhuma exceção em todos os fenômenos de uma certa ordem, pode-se estar seguro de que estão estreitamente vinculados à natureza destes últimos e que lhes são solidários. Se um determinado grupo de atos também apresenta a particularidade de ter uma sanção penal a eles vinculada, é porque existe um vínculo íntimo entre a pena e os atributos constitutivos desses atos. Por conseguinte, por mais superficiais que sejam, essas propriedades, desde que tenham sido metodicamente observadas, mostram bem ao erudito o caminho a seguir para aprofundar-se mais nas coisas; elas são o primeiro e indispensável anel da corrente que a seguir a ciência desenrolará no decorrer de suas explicações.

Como é pela sensação que o exterior nos é dado, pode-se então resumir: a ciência, para ser objetiva, deve partir não de conceitos que se formaram sem ela, mas da sensação. É dos dados sensíveis que ela deve diretamente emprestar os elementos de suas definições iniciais. E, com efeito, basta se representar em que consiste o trabalho da ciência para compreender que ela não pode proceder de outra forma. Ela precisa de conceitos que expressem adequadamente as coisas tais como são, não tais como é útil à prática concebê-las. Ora, aqueles que se constituíram fora de sua ação não correspondem a essa condição. Ela deve então criar novos e, para isso, depois de descartar as noções comuns e as palavras que as expressam, retornar à sensação, matéria-prima e necessária de todos os conceitos. É da sensação que emergem todas as ideias gerais, verdadeiras ou falsas, científicas ou não. O ponto de partida da ciência ou conhecimento especulativo não poderia então ser outro que o do conhecimento vulgar ou prático. É somente para além dele, na maneira como essa matéria comum é depois elaborada, que as divergências começam.

3º) Mas a sensação é facilmente subjetiva

Por isso é de regra nas ciências naturais afastar os dados sensíveis que podem ser demasiado pessoais ao observador, para reter exclusivamente os que apresentam um grau suficiente de objetividade. É dessa forma que o físico substitui as vagas impressões que a temperatura ou a eletricidade produzem pela representação visual das oscilações do termômetro ou do eletrômetro. O sociólogo obriga-se às mesmas precauções. Os caracteres exteriores em função dos quais ele define o objeto de suas pesquisas devem ser tão objetivos quanto possível.

Pode-se postular como princípio que os fatos sociais são tanto mais suscetíveis de ser objetivamente representados quanto mais completamente desvencilhados dos fatos individuais que os manifestam.

Com efeito, uma sensação é tanto mais objetiva quanto maior a fixidez do objeto ao qual se relaciona; pois a condição de toda objetividade é a existência de um ponto de referência, constante e idêntico, ao qual a representação pode ser relacionada e que permite eliminar tudo o que ela tem de variável, portanto, de subjetivo. Se os únicos pontos de referência dados são eles mesmos variáveis, se são perpetuamente diversos em relação a si mesmos, não haverá qualquer medida comum e não teremos meio algum de distinguir em nossas impressões o que depende de fora, e o que lhes vem de nós. Ora, a vida social, enquanto não conseguir se isolar dos acontecimentos particulares que a encarnam para se constituir à parte, tem justamente essa propriedade, visto que, como esses acontecimentos não têm a mesma fisionomia de uma vez a outra, de um instante a outro, e que deles é inseparável, eles comunicam-lhe sua mobilidade. Ela consiste então em livres correntes que estão perpetuamente em vias de transformação e que o olhar do observador não consegue fixar. O que significa dizer que esse não é o lado pelo qual o erudito pode abordar o estudo da realidade social. Mas sabemos que ela apresenta a particularidade de, sem deixar de ser ela mesma, ser capaz de se cristalizar. Com exceção dos atos individuais que eles suscitam, os hábitos coletivos se expressam sob formas definidas, regras jurídicas, morais, ditos populares, fatos de estrutura social etc. Essas formas, que existem de uma maneira permanente, que não mudam com as diversas aplicações que delas são feitas, constituem um objeto fixo, um padrão constante que está sempre ao alcance do observador e que não permite impressões subjetivas e observações pessoais. Uma regra do direito é o que ela é e não há duas maneiras de percebê-la. Por outro lado, como essas práticas são só da vida social consolidada, é legítimo, salvo indicações contrárias[30], estudar esta por meio daquelas.

---

30. Seria preciso, p. ex., ter razões para acreditar que, em um dado momento, o direito não mais expresse o estado verdadeiro das relações sociais, para que essa substituição não fosse legítima.

Quando, portanto, o sociólogo decide explorar uma ordem qualquer de fatos sociais, ele deve se esforçar para considerá-los por um lado em que se apresentem isolados de suas manifestações individuais. É em virtude desse princípio que estudamos a solidariedade social, suas formas diversas e sua evolução através do sistema das regras jurídicas que as expressam[31]. Do mesmo modo, caso tentemos distinguir e classificar os diferentes tipos familiares segundo as descrições literárias que os viajantes e, por vezes, os historiadores nos oferecem, expomo-nos a confundir as espécies mais diferentes, a aproximar os tipos mais distantes. Se, ao contrário, tomarmos como base dessa classificação a constituição jurídica da família e, mais especialmente, o direito sucessório, teremos um critério objetivo que, sem ser infalível, acabará evitando muitos erros[32]. Queremos classificar os diferentes tipos de crimes? Faremos o esforço de reconstituir as maneiras de viver, os costumes profissionais usuais nos diferentes mundos do crime, e reconheceremos tantos tipos criminológicos quantas forem as formas diferentes apresentadas por essa organização. Para chegar aos costumes, às crenças populares, tomaremos o caminho dos provérbios, dos ditos populares que os expressam. Sem dúvida, ao proceder assim, deixamos provisoriamente fora da ciência a matéria concreta da vida coletiva e, contudo, por mais volúvel que seja, não temos o direito de postular *a priori* sua ininteligibilidade. Mas se quisermos seguir uma via metódica, será preciso estabelecer as primeiras bases da ciência em terreno firme e não em areia movediça. É preciso abordar o reino social pelos lugares onde ele oferece mais acesso à investigação científica. Só depois será possível avançar na pesquisa e, por progressivos trabalhos de aproximação, cingir pouco a pouco essa realidade fugidia de que o espírito humano jamais poderá, talvez, se apropriar completamente.

---

31. Cf. *Division du travail social*, I. I.

32. Cf. nossa "Introduction à la sociologie de la famille". In: *Annales de la Faculté des Lettres de Bordeaux*, 1889.

Capítulo III
Regras relativas à distinção entre o normal e o patológico

A observação, conduzida segundo as regras que precedem, confunde duas ordens de fatos, muito dessemelhantes por certos lados: aqueles que são tudo que devem ser e aqueles que deveriam ser diferentes do que são, os fenômenos normais e os fenômenos patológicos. Vimos até mesmo que era necessário incluí-los igualmente na definição pela qual deve se iniciar toda pesquisa. Mas se, em certos aspectos, são da mesma natureza, não deixam de constituir duas variedades diferentes e que é importante distinguir. A ciência dispõe de meios que permitem fazer essa distinção?

A questão é da maior importância, pois da solução dada depende a ideia que se faz do papel que pertence à ciência, sobretudo à ciência do homem. Segundo uma teoria cujos partidários são recrutados nas mais diversas escolas, a ciência nada nos ensinaria sobre o que devemos querer. Dizem que ela só conhece fatos, e esses têm o mesmo valor e o mesmo interesse; observa-os, explica-os, mas não os julga; para ela, não há fatos que sejam censuráveis. Do seu ponto de vista, o bem e o mal não existem. Ela pode muito bem nos dizer como as causas produzem seus efeitos, não que fins devem ser perseguidos. Para saber, não mais o que é, mas o que é desejável, é às sugestões do inconsciente que se deve recorrer, seja qual for o nome que a ele se dê: sentimento, instinto, impulso vital etc. A ciência, diz um escritor já citado, pode iluminar o mundo, mas deixa a escuridão nos corações; cabe ao próprio coração criar sua própria luz. A ciência encontra-se assim destituída, ou quase, de toda eficácia prática e, portanto, sem grande razão de ser; pois de que serve se dedicar a conhecer o real, se o conhecimento que dele adquirimos não nos pode servir na vida? Dirão que, ao nos revelar as causas dos fenômenos, ela nos fornece os meios de produzi-los segundo nossas preferências e, por conseguinte, de realizar os fins que nossa vontade persegue por razões supracientíficas? Por um lado, no entanto, todo meio é ele mesmo um fim; porque, para aplicá-lo, é preciso desejá-lo assim como o fim cuja realização ele prepara. Sempre há vários caminhos que levam a um determinado objetivo; é preciso então escolher entre eles. Ora, se a ciência não nos pode auxiliar na escolha do melhor objetivo, como poderia nos ensinar qual é o melhor caminho para chegar até ele? Por que nos recomendaria o mais rápido em vez do mais econômico, o mais seguro em vez do mais simples, ou inversamente? Mesmo não podendo nos guiar na determinação dos fins superiores, ela não é menos impotente quando se trata desses fins secundários e subordinados a que chamamos meios.

O método ideológico permite, é verdade, escapar a esse misticismo e foi, aliás, o desejo de escapar-lhe que, em parte, alimentou esse método. Aqueles que o praticaram, com efeito, eram demasiado racionalistas para admitir que a conduta humana não tivesse necessidade de ser dirigida pela reflexão; e, no entanto, não viam nos fenômenos, tomados em si mesmos e independentemente de todo dado subjetivo, nada que permitisse classificá-los de acordo com seu valor prático. Parecia, portanto, que o único meio de os julgar fosse relacioná-los a algum conceito que os dominasse; a partir de então, o emprego de noções que presidissem à verificação dos fatos, em vez de derivar deles, tornava-se indispensável em toda sociologia racional. Mas sabemos que se, nessas condições, a prática torna-se refletida, a reflexão, assim empregada, não é científica.

O problema que acabamos de colocar vai nos permitir reivindicar os direitos da razão sem recair na ideologia. Com efeito, tanto para as sociedades como para os indivíduos, a saúde é boa e desejável, a doença, ao contrário, é algo ruim e que deve ser evitado. Se, portanto, encontrarmos um critério objetivo, inerente aos próprios fatos, que nos permita distinguir cientificamente a saúde da doença nas diversas ordens de fenômenos sociais, a ciência terá condições de esclarecer a prática, embora permanecendo fiel ao seu próprio método. Sem dúvida, como presentemente não consegue alcançar o indivíduo, ela pode nos fornecer apenas indicações gerais que só podem ser diversificadas convenientemente se se entrar diretamente em contato com o particular pela sensação. O estado de saúde, tal como ela consegue defini-lo, não poderia convir exatamente a nenhum sujeito individual, dado que não pode ser estabelecido senão em relação às circunstâncias mais comuns, das quais todos mais ou menos se afastam; mas esse não deixa de ser um ponto de referência precioso para orientar a conduta. Mesmo havendo razões para ajustá-lo a seguir a cada caso especial, não se conclui que não haja nenhum interesse em conhecê-lo. Muito pelo contrário, ele é a norma que deve servir de base a todos nossos raciocínios práticos. Nessas condições, não se tem mais o direito de dizer que o pensamento é inútil à ação. Entre a ciência e a arte não há mais um abismo; mas não se passa de uma à outra sem solução de continuidade. A ciência, é verdade, só pode se aprofundar nos fatos por intermédio da arte, mas a arte não é senão o prolongamento da ciência. Mas é possível se perguntar se a insuficiência prática desta última não acabará diminuindo à medida que as leis que ela estabelece expressem cada vez mais completamente a realidade individual.

I

Vulgarmente, o sofrimento é visto como o indício da doença e é certo que, em geral, existe entre esses dois fatos uma relação, mas à qual falta constância e precisão. Há graves diáteses que são indolores, enquanto transtornos sem importância, como os resultantes da intrusão de um grão de poeira no olho, causam um verdadeiro suplício. Em certos casos, é até mesmo a ausência de dor ou ainda o prazer que são os sintomas da doença. Há uma certa invulnerabilidade que é patológica. Em circunstâncias em que um homem saudável sofreria, pode ser que o neurastênico sinta uma sensação de gozo cuja natureza mórbida é incontestável. Em oposição, a dor acompanha muitos estados, como a fome, o cansaço, o parto, que são fenômenos puramente fisiológicos.

Diremos que a saúde, consistindo em um benéfico desenvolvimento das forças vitais, se reconhece pela perfeita adaptação do organismo ao seu meio, e chamaremos, ao contrário, doença tudo o que perturba essa adaptação? No entanto – mais adiante voltaremos a esse ponto – não está absolutamente demonstrado que cada estado do organismo esteja em correspondência com algum estado externo. Além disso, e mesmo que esse critério fosse realmente distintivo do estado de saúde, ele próprio precisaria de outro critério para poder ser reconhecido; porque, em todo caso, precisariam nos dizer segundo qual princípio se pode decidir que tal modo de se adaptar é mais perfeito do que outro.

Será conforme a maneira como ambos afetam nossas chances de sobrevivência? A saúde seria o estado de um organismo em que essas chances estão no ponto máximo e a doença, ao contrário, tudo o que tem como efeito reduzi-las. Com efeito, não resta dúvida de que, em geral, a doença tem realmente como consequência um enfraquecimento do organismo. Só que ela não é a única a produzir esse resultado. As funções de reprodução, em certas espécies inferiores, acarretam fatalmente a morte e, mesmo nas espécies mais elevadas, elas trazem riscos. São, contudo, normais. A velhice e a infância têm os mesmos efeitos, pois o velho e a criança estão mais vulneráveis às causas de destruição. São, portanto, doentes, e só o adulto deve ser admitido como tipo são? Eis o campo da saúde e da fisiologia assim singularmente reduzido! Se, aliás, a velhice já é, por si mesma, uma doença, como distinguir o velho são do velho doente? Desse mesmo ponto de vista, será preciso classificar a menstruação entre os fenômenos mórbidos; uma vez que, pelos desconfortos que determina, ela aumenta a receptividade da mulher à doença. Como, no entanto, qualificar de doentio um estado cuja ausência ou o desaparecimento prematuro constituem incontestavelmente um fenômeno patológico? Raciocina-se sobre essa questão como se, em um organismo são, cada detalhe, por assim dizer, tivesse um papel útil a cumprir; como se cada estado interno respondesse exatamente a alguma condição externa e, portanto, também contribuísse para garantir o equilíbrio vital e para diminuir as chances de morte. É, pelo contrário, legítimo supor que certos arranjos anatômicos ou funcionais não servem diretamente a nada, mas existem simplesmente porque existem, porque não podem não existir, dadas as condições gerais da vida. Portanto, não poderiam ser taxados de mórbidos, pois a doença é, principalmente, algo evitável que não faz parte da constituição regular do ser vivo. Ora, pode até ser que, em vez de fortalecer o organismo, eles diminuam sua força de resistência e, por conseguinte, aumentem os riscos de morte.

Por outro lado, nada garante que a doença tenha sempre o resultado em função do qual se quer defini-la. Não existem várias afecções demasiado leves para que possamos lhes atribuir uma sensível influência nas bases vitais do organismo? Mesmo entre as mais graves, existem aquelas cujas consequências nada têm de lastimável, se soubermos lutar contra elas com as armas de que dispomos. Aquele que sofre de uma doença gástrica e segue uma boa dieta pode viver tanto quanto aquele que é saudável. Claro que é obrigado a alguns cuidados; mas nós todos não temos essa mesma obrigação, e a vida poderia se manter de outro modo? Cada um de nós tem sua dieta; a do doente não se assemelha àquela praticada pela média dos homens de seu tempo e de seu meio; mas, desse ponto de vista, essa é a única diferença existente entre eles. A doença nem sempre nos deixa desamparados, em um estado de desadaptação irremediável; ela apenas nos obriga a nos adaptar de um modo diferente do da maioria de nossos semelhantes. Quem pode nos dizer que não existem doenças que, afinal, se revelam úteis? A varíola que nos é inoculada pela vacina é uma verdadeira doença que recebemos voluntariamente e, no entanto, ela aumenta nossas chances de sobrevivência. Talvez haja outros casos em que o incômodo causado pela doença seja insignificante ao lado das imunidades que ela oferece.

Por fim, e sobretudo, na maioria das vezes esse é o critério mais inaplicável. Pode-se muito bem estabelecer, a rigor, que a mais baixa mortalidade conhecida se encontra em determinado grupo de indivíduos; mas não se pode demonstrar que não poderia haver mortalidade ainda mais baixa. Quem nos garante que outros arranjos não são possíveis, arranjos que teriam por efeito diminuí-la ainda mais? Esse mínimo de fato não é, portanto, a prova de uma perfeita adaptação, nem, por conseguinte, o indício seguro do estado de saúde se sua referência for a definição precedente. Além disso, um grupo dessa natureza é bem difícil de se constituir e de se isolar de todos os outros, como seria necessário, para que se pudesse observar a constituição orgânica de que tem o privilégio e que é a provável causa dessa superioridade. Ao contrário, se é evidente, quando envolve uma doença cujo desfecho é geralmente a morte, que as probabilidades de o indivíduo sobreviver são reduzidas, a prova é singularmente difícil quando a natureza da afecção não é a de provocar diretamente a morte. Não há, com efeito, senão uma maneira objetiva de provar que indivíduos colocados em condições definidas têm menos chances de sobreviver do que outros, ou seja, mostrar que, de fato, a maioria deles vive menos tempo. Ora, se nos casos de doenças puramente individuais essa demonstração é muitas vezes possível, ela é absolutamente impraticável em sociologia. Pois não temos aqui o ponto de referência de que dispõe o biólogo, ou seja, o número da mortalidade média. Nem mesmo sabemos distinguir com uma exatidão simplesmente aproximada em que momento nasce uma sociedade e em que momento ela morre. Todos esses problemas que, já na biologia, estão longe de estar claramente resolvidos, continuam, para o sociólogo, cercados de mistério. Aliás, os acontecimentos que se produzem no decorrer da vida social e que se repetem de forma quase idêntica em todas as sociedades do mesmo tipo são muito mais variados para que seja possível determinar em que medida um deles pode ter contribuído para acelerar o desfecho final. Quando se trata de indivíduos, como eles são muito numerosos, é possível escolher aqueles que são comparados de maneira a que tenham em comum apenas uma única e mesma anomalia; esta se encontra assim isolada de todos os fenômenos concomitantes e, por conseguinte, pode-se estudar a natureza de sua influência sobre o organismo. Se, por exemplo, mil doentes reumáticos, tomados ao acaso, apresentam uma mortalidade sensivelmente superior à média, tem-se boas razões para atribuir esse resultado à diátese reumática. Mas, em sociologia, como cada espécie social conta apenas com um pequeno número de indivíduos, o campo das comparações é demasiado restrito para que agrupamentos desse gênero sejam demonstrativos.

Ora, na ausência dessa prova de fato, a única possibilidade são argumentos dedutivos cujas conclusões não podem ter outro valor que o de presunções subjetivas. O que será demonstrado não é que tal acontecimento enfraquece efetivamente o organismo social, e sim que ele deve ter esse efeito. Para isso, será mostrado que ele não pode deixar de acarretar esta ou aquela consequência que se julga funesta para a sociedade e, como tal, será declarado mórbido. Mas, mesmo supondo que ele engendre efetivamente essa consequência, talvez os inconvenientes desta última sejam compensados, e muito, por vantagens que não são percebidas. Ademais, só há uma razão para poder considerá-la funesta, é que ela desarranja o jogo normal das funções. Mas tal prova supõe o problema já resolvido; pois ela só é possível se se determinou previamente em que consiste o estado normal e, por conseguinte, se se conhece por qual sinal ele pode ser reconhecido. Tentarão construí-lo a partir do zero e *a priori*? Não é necessário mostrar o que pode valer tal construção. É assim que, tanto em sociologia como em história, os mesmos acontecimentos são qualificados, segundo os sentimentos pessoais do erudito, como salutares ou desastrosos. Por isso é comum que um teórico incrédulo assinale, nos restos de fé que sobrevivem em meio ao desmoronamento geral das crenças religiosas, um fenômeno mórbido, ao passo que, para o crente, é a própria incredulidade que é hoje a grande doença social. Da mesma forma, para o socialista, a organização econômica atual é um fato de teratologia social, ao passo que, para o economista ortodoxo, as tendências socialistas é que são, por excelência, patológicas. E como apoio à sua opinião, cada um encontra os silogismos que considera bem-elaborados.

O erro comum dessas definições é querer alcançar prematuramente a essência dos fenômenos. Por isso supõem incontestáveis proposições que, verdadeiras ou não, só podem ser provadas se a ciência já estiver suficientemente avançada. É o caso, no entanto, de nos conformarmos à regra que estabelecemos anteriormente. Em vez de pretender determinar de pronto as relações do estado normal e de seu contrário com as forças vitais, busquemos simplesmente algum sinal exterior, imediatamente perceptível, mas objetivo, que nos permita discernir uma da outra essas duas ordens de fatos.

Todo fenômeno sociológico, como aliás todo fenômeno biológico, pode, mesmo permanecendo essencialmente igual, revestir formas diferentes segundo os casos. Ora, entre essas formas existem duas espécies. Umas são gerais em toda a extensão da espécie; encontram-se, se não em todos os indivíduos, pelo menos na maioria deles e, se elas não se repetem identicamente em todos os casos em que são observadas, mas variam de um sujeito a outro, essas variações são compreendidas entre limites muito próximos. Existem outras, ao contrário, que são excepcionais; não só são encontradas apenas na minoria, como também, ali mesmo onde se produzem, o mais comum é que não durem por toda a vida do indivíduo. São uma exceção no tempo como no espaço[33]. Estamos, portanto, em presença de duas variedades distintas de fenômenos e que devem ser designadas por termos diferentes. Chamaremos normais os fatos que apresentam as formas mais gerais e daremos aos outros o nome de mórbidos ou de patológicos. Caso aceitemos nomear como tipo médio o ser esquemático que constituiríamos ao reunir em um mesmo todo, em uma espécie de individualidade abstrata, os caracteres mais frequentes na espécie com suas formas mais frequentes, poderemos dizer que o tipo normal se confunde com o tipo médio, e que todo desvio em relação a esse padrão da saúde é um fenômeno mórbido. É verdade que o tipo médio não poderia ser determinado com a mesma nitidez que um tipo individual, uma vez que seus atributos constitutivos não estão absolutamente fixados, mas são suscetíveis de variar. Mas que

---

33. Pode-se distinguir desse modo a doença da monstruosidade. A segunda só é uma exceção no espaço; não se observa na média da espécie, mas dura toda a vida dos indivíduos nos quais se observa. Vê-se, no mais, que essas duas ordens de fatos só diferem em graus e são no fundo de mesma natureza; as fronteiras entre elas são muito vagas, pois a doença não é incapaz de qualquer fixidez, nem a monstruosidade de tudo se tornar. Portanto, não se pode separá-las radicalmente quando são definidas. A distinção entre elas não pode ser mais categórica do que entre o morfológico e o fisiológico, uma vez que, em suma, o mórbido é o anormal na ordem fisiológica, assim como o teratológico é o anormal na ordem anatômica.

ele possa ser constituído, eis do que não se poderia duvidar, uma vez que ele é a matéria imediata da ciência, pois se confunde com o tipo genérico. O que o fisiologista estuda são as funções do organismo médio, e o mesmo se passa com o sociólogo. Uma vez que se sabe diferenciar as espécies sociais umas das outras – questão que abordaremos mais adiante – é sempre possível encontrar qual é a forma mais geral que um fenômeno apresenta em uma espécie determinada.

Vê-se que um fato não pode ser qualificado de patológico senão em relação a uma espécie dada. As condições da saúde e da doença não podem ser definidas *in abstracto* e de uma maneira absoluta. A regra não é contestada em biologia; nunca ninguém pensou que o que é normal para um molusco também o é para um vertebrado. Cada espécie tem sua saúde, porque tem seu tipo médio que lhe é próprio, e a saúde das espécies mais baixas não é menor que a das mais elevadas. O mesmo princípio se aplica à sociologia, embora muitas vezes ela o menospreze. É preciso renunciar a esse hábito, ainda muito presente, de julgar uma instituição, uma prática, uma máxima moral, como se fossem boas ou más em si mesmas e por si mesmas, para todos os tipos sociais indistintamente.

Uma vez que o ponto de referência em relação ao qual se pode julgar o estado de saúde ou de doença varia com as espécies, ele também pode variar para uma única e mesma espécie, se esta vier a mudar. É assim que, do ponto de vista puramente biológico, o que é normal para o selvagem nem sempre o é para o civilizado e reciprocamente[34]. Há sobretudo uma ordem de variações que é importante considerar, pois elas se produzem regularmente em todas as espécies: são as que se referem à idade. A saúde do velho não é a do adulto, assim como esta não é a da criança; e o mesmo vale para as sociedades[35]. Portanto, um fato social só pode ser dito normal para uma espécie social

---

34. P. ex., o selvagem que tivesse o tubo digestivo reduzido e o sistema nervoso desenvolvido do civilizado saudável seria um doente em relação ao seu meio.

35. Abreviamos essa parte de nosso desenvolvimento; pois só repetiríamos aqui, em relação aos fatos sociais em geral, o que já dissemos sobre a distinção dos fatos morais em normais e anormais (cf. *Division du travail social*, p. 33-39).

determinada em relação a uma fase, igualmente determinada, de seu desenvolvimento; por conseguinte, para saber se tem direito a essa denominação, não basta observar sob qual forma ele se apresenta na generalidade das sociedades que pertencem a essa espécie, é preciso também ter o cuidado de considerá-las na fase correspondente de sua evolução.

Parece que acabamos de proceder simplesmente a uma definição de palavras, pois tudo que fizemos foi agrupar fenômenos de acordo com suas semelhanças e suas diferenças e impor nomes aos grupos assim formados. Mas, na realidade, os conceitos que assim constituímos, mesmo tendo a grande vantagem de ser reconhecíveis pelos caracteres objetivos e facilmente perceptíveis, não se afastam da noção que comumente se faz da saúde e da doença. Esta última, com efeito, não é concebida por todos como um acidente, que a natureza do ser vivo certamente comporta, mas normalmente não engendra? É o que os antigos filósofos expressavam quando diziam que ela não deriva da natureza das coisas, que é o produto de uma espécie de contingência imanente aos organismos. Tal concepção é, certamente, a negação de toda ciência, pois a doença não tem nada de mais miraculoso do que a saúde, que está igualmente fundada na natureza dos seres. Mas não está fundada em sua natureza normal; não está implicada em seu temperamento ordinário, nem ligada às condições de existência de que geralmente dependem. Ao contrário, para todos, o tipo da saúde se confunde com o da espécie. Não se pode nem mesmo, sem contradição, conceber uma espécie que, por si mesma e em virtude de sua constituição fundamental, fosse irremediavelmente doente. Ela é a norma por excelência e, por conseguinte, nada poderia conter de anormal.

É verdade que, comumente, compreende-se também por saúde um estado geralmente preferível à doença. Mas essa definição está contida na precedente. Se, com efeito, os caracteres cuja reunião forma o tipo normal puderam se generalizar em uma espécie, não foi sem uma razão. Essa generalidade é ela mesma um fato que precisa ser explicado e que, para isso, exige uma causa. Ora, ela seria inexplicável se as formas de organização mais disseminadas não fossem também, *ao menos em seu conjunto*, as mais vantajosas. Como teriam elas conseguido se manter em uma tamanha variedade de circunstâncias se não dessem aos indivíduos condições de resistir melhor às causas de destruição? Ao contrário, se as outras são mais raras é evidentemente porque, *na média dos casos*, os sujeitos que as apresentam têm mais dificuldade de sobreviver. A maior frequência das primeiras é, portanto, a prova de sua superioridade[36].

II

Esta última observação fornece até mesmo um meio de controlar os resultados do precedente método.

Uma vez que a generalidade, que caracteriza exteriormente os fenômenos normais, é ela mesma um fenômeno explicável, há razões para, depois de ter sido diretamente estabelecida pela observação, procurar explicá-la. Sem dúvida, podemos de antemão ter certeza de que ela tem uma causa, mas é melhor saber ao certo qual é essa causa. Com efeito, o caráter normal do fenômeno será mais incontestável se demonstrarmos que o sinal exterior que primeiro o revelara não é puramente aparente, mas está fundado na natureza das coisas; em uma palavra, se pudermos erigir essa normalidade de fato em uma normalidade de direito. Essa demonstração, no mais, nem sempre consistirá em revelar que o fenômeno é útil ao organismo, ainda que esse seja o caso mais frequente pelas razões que acabamos de expor; mas também é possível, como observamos mais acima, que um arranjo seja normal sem servir a nada, simplesmente por-

---

36. Garofalo tentou, é verdade, distinguir o mórbido do anormal (*Criminologie*, p. 109-110). Mas os dois únicos argumentos nos quais ele apoia essa distinção são os seguintes: 1) A palavra doença sempre significa algo que tende à destruição total ou parcial do organismo. Se não houver destruição, há cura, jamais estabilidade como em várias anomalias. Mas acabamos de ver que o anormal também é uma ameaça para o ser vivo na média dos casos. É verdade que nem sempre é assim, mas os perigos que a doença implica só existem igualmente na generalidade das circunstâncias. Quanto à ausência de estabilidade que distinguiria o mórbido, é deixar de lado as doenças crônicas e separar radicalmente o teratológico do patológico. As monstruosidades são fixas. 2) O normal e o anormal variam com as raças, dizem, ao passo que a distinção do fisiológico e do patológico é válida para todo o *genus homo*. Ao contrário, acabamos de mostrar que, com frequência, o que é mórbido para o selvagem não o é para o civilizado. As condições da saúde física variam com os meios.

que está necessariamente implicado na natureza do ser. Desse modo, talvez fosse útil que o parto não determinasse alterações tão violentas no organismo feminino; mas isso é impossível. Por conseguinte, a normalidade do fenômeno será explicada apenas pelo fato de estar vinculada às condições de existência da espécie considerada, seja como um efeito mecanicamente necessário dessas condições, seja como um meio que permite aos organismos a elas se adaptarem[37].

Essa prova não é simplesmente útil a título de controle. Não se deve esquecer, com efeito, que, se existe interesse em distinguir o normal do anormal, é sobretudo para esclarecer a prática. Ora, para agir, com conhecimento de causa, não basta saber o que devemos querer, mas por que nós o devemos. As proposições científicas, relativas ao estado normal, serão mais imediatamente aplicáveis aos casos particulares quando forem acompanhadas de suas razões; pois, então, saberemos reconhecer melhor em quais casos convém modificá-las ao aplicá-las, e em que sentido.

Há até circunstâncias em que essa verificação é rigorosamente necessária, porque o primeiro método, se fosse empregado sozinho, poderia induzir ao erro. É o que acontece nos períodos de transição em que a espécie toda está evoluindo, e ainda não se fixou definitivamente em uma forma nova. Nesse caso, o único tipo normal que desde já se encontra realizado e dado nos fatos é o do passado, e, no entanto, não se adequa mais às novas condições de existência. Um fato pode assim persistir em toda a extensão de uma espécie, mesmo não correspondendo mais às exigências da situação. Ele só tem então as aparências da normalidade, pois a generalidade que apresenta não é mais do que uma etiqueta mentirosa, uma vez que, ao se manter apenas pela força cega do hábito, ela não é mais o indício de que o fenômeno observado está estreitamente ligado às condições gerais da existência coletiva. Aliás, essa dificuldade é particular à

---

37. Pode-se perguntar, é verdade, se, quando um fenômeno deriva necessariamente das condições gerais da vida, ele não é útil por isso mesmo. Não podemos tratar essa questão de filosofia. No entanto, a abordaremos um pouco mais adiante.

sociologia. Ela não existe, por assim dizer, para o biólogo. Com efeito, é bem raro que as espécies animais sejam obrigadas a tomar formas imprevistas. As únicas modificações normais pelas quais passam são aquelas que se reproduzem regularmente em cada indivíduo, sobretudo sob a influência da idade. São, portanto, conhecidas ou podem sê-lo, uma vez que já se realizaram em inúmeros casos; por conseguinte, pode-se saber a cada momento do desenvolvimento do animal, e mesmo nos períodos de crise, em que consiste o estado normal. Ainda é assim em sociologia em relação às sociedades que pertencem às espécies inferiores, pois, como muitas delas já cumpriram toda sua carreira, a lei de sua evolução normal está ou, pelo menos, pode ser estabelecida. Mas quando se trata das sociedades mais elevadas e mais recentes, essa lei é desconhecida por definição, uma vez que ainda não percorreram toda sua história. O sociólogo pode assim ter dificuldades para saber se um fenômeno é normal ou não, pois falta-lhe qualquer ponto de referência.

Ele sairá da dificuldade procedendo como acabamos de dizer. Depois de ter estabelecido pela observação que o fato é geral, remontará às condições que determinaram essa generalidade no passado e, a seguir, buscará se essas condições ainda estão dadas no presente ou se, pelo contrário, se modificaram. No primeiro caso, terá o direito de tratar o fenômeno como normal e, no segundo, de lhe recusar esse caráter. Por exemplo, para saber se o estado econômico atual dos povos europeus, com a ausência de organização[38] que é sua característica, é normal ou não, buscaremos aquilo que, no passado, lhe deu origem. Se essas condições são ainda aquelas em que se encontram atualmente nossas sociedades, é porque essa situação é normal a despeito dos protestos que ela provoca. Mas se, ao contrário, ela está ligada a essa velha estrutura social que já qualificamos de segmentar[39] e que, depois de ter sido a ossatura essencial das sociedades, vai se apagando

---

38. Sobre esse ponto, cf. uma nota que publicamos na *Revue Philosophique* (nov./1893) sobre a "Definição do socialismo".

39. As sociedades segmentares, e principalmente as sociedades segmentares de base territorial, são aquelas cujas articulações essenciais correspondem às divisões territoriais (cf. *Division du travail social*, p. 189-210).

cada vez mais, teremos de concluir que ela constitui atualmente um estado mórbido, por mais universal que seja. É segundo o mesmo método que deverão ser resolvidas todas as questões controversas desse gênero, como as de saber se o enfraquecimento das crenças religiosas, se o desenvolvimento dos poderes do Estado são fenômenos normais ou não[40].

Todavia, esse método não poderia, em caso algum, substituir o precedente, nem mesmo ser empregado primeiro. Primeiro, porque ele levanta questões que teremos de tratar mais adiante e que só podem ser abordadas quando já se tiver avançado o suficiente na ciência; pois implica, em suma, uma explicação quase completa dos fenômenos, uma vez que supõe determinadas ou suas causas ou suas funções. Ora, o importante é que, desde o início da pesquisa, se possam classificar os fatos em normais e anormais, salvo alguns casos excepcionais, para que se possa atribuir à fisiologia seu campo e à patologia o seu. Em seguida, é em relação ao tipo normal que um fato deve ser considerado útil ou necessário para que ele próprio possa ser

---

40. Em certos casos, pode-se proceder de um modo um pouco diferente e demonstrar que um fato cujo caráter normal é suspeito merece ou não essa suspeição, mostrando-se que ele está estreitamente vinculado ao desenvolvimento anterior do tipo social considerado, e mesmo ao conjunto da evolução social em geral ou, pelo contrário, que ele contradiz ambos. É dessa maneira que conseguimos demonstrar que o enfraquecimento atual das crenças religiosas, mais geralmente, dos sentimentos coletivos pelos objetos coletivos é bem normal; provamos que esse enfraquecimento se torna mais e mais evidente à medida que as sociedades se aproximam de nosso tipo atual e que este, por sua vez, é mais desenvolvido (*Division du travail social*, p. 182). Mas, no fundo, esse método é apenas um caso particular do precedente. Pois, se a normalidade desse fenômeno pôde ser estabelecida dessa maneira, é porque, ao mesmo tempo, ele foi vinculado às condições mais gerais de nossa existência coletiva. Com efeito, por um lado, se essa regressão da consciência religiosa é tanto mais marcada quanto mais determinada for a estrutura de nossas sociedades, é porque ela se deve não a alguma causa acidental, mas à constituição mesma de nosso meio social, e como, por outro lado, as particularidades características desta última estão certamente mais desenvolvidas hoje do que antes, não é senão normal que esses fenômenos que dele dependem sejam eles mesmos amplificados. Esse método difere do precedente apenas no fato de que as condições que explicam e justificam a generalidade do fenômeno são induzidas e não diretamente observadas. Sabe-se que ele se deve à natureza do meio social sem saber em que nem como.

qualificado de normal. Caso contrário, poder-se-ia demonstrar que a doença se confunde com a saúde, uma vez que ela deriva necessariamente do organismo que está sendo afetado; é somente com o organismo médio que ela não mantém a mesma relação. Do mesmo modo, a aplicação de um remédio, sendo útil ao doente, poderia ser considerada como um fenômeno normal, ao passo que ela é evidentemente anormal, pois só em circunstâncias anormais é que ela tem essa utilidade. Portanto, esse método não pode ser utilizado a não ser que o tipo normal já esteja constituído, e ele só pode ter sido por outro procedimento. Enfim, e sobretudo, se é verdade que tudo o que é normal é útil, desde que seja necessário, é falso que tudo o que é útil seja normal. Podemos realmente ter certeza de que os estados que se generalizaram na espécie são mais úteis do que aqueles que permaneceram excepcionais; e não de que são os mais úteis que existem ou que possam existir. Não temos razão alguma para crer que todas as combinações possíveis foram tentadas no decorrer da experiência e, entre aquelas que jamais foram realizadas, mas são concebíveis, talvez existam algumas muito mais vantajosas do que as que conhecemos. A noção de útil ultrapassa a de normal; é para esta o que o gênero é para a espécie. Ora, é impossível deduzir o mais do menos, a espécie do gênero. Mas é possível encontrar o gênero na espécie, visto que ela o contém. Sendo assim, uma vez que a generalidade do fenômeno foi constatada, podem-se, demonstrando como ele serve, confirmar os resultados do primeiro método[41]. Podemos, portanto, formular as três regras seguintes:

---

41. Mas então, dirão, a realização do tipo normal não é o objetivo mais elevado que se pode propor e, para superá-lo, é preciso também superar a ciência. Não podemos tratar aqui dessa questão *ex professo*; respondemos apenas: 1) Que ela é bastante teórica porque, de fato, o tipo normal, o estado de saúde, já é bastante difícil de realizar e muito raramente alcançado para que não usássemos a imaginação buscando algo melhor. 2) Que essas melhorias, objetivamente mais vantajosas, nem por isso são objetivamente desejáveis; pois, se elas não correspondem a nenhuma tendência latente ou em ação, elas nada acrescentariam à felicidade, e se elas correspondem a alguma tendência é porque o tipo normal não está realizado. 3) Enfim, que, para melhorar o tipo normal, é preciso conhecê-lo. Portanto, não se pode, de todo modo, superar a ciência senão se apoiando nela.

1) Um fato social é normal para um tipo social determinado, considerado em uma fase determinada de seu desenvolvimento, quando ele se produz na média das sociedades dessa espécie, consideradas na fase correspondente de sua evolução.

2) Podem-se verificar os resultados do método precedente mostrando-se que a generalidade do fenômeno se deve às condições gerais da vida coletiva no tipo social considerado.

3) Essa verificação é necessária quando esse fato se relaciona a uma espécie social que ainda não completou sua evolução integral.

III

Estamos tão habituados a definir com uma palavra essas questões difíceis e a decidir rapidamente, segundo observações sumárias e usos de silogismos, se um fato social é normal ou não, que talvez esse procedimento seja considerado inutilmente complicado. Não parece ser necessário complicar tanto para distinguir a doença da saúde. Já não fazemos todos os dias essas distinções? – É verdade, mas resta saber se as fazemos de forma apropriada. O que nos mascara as dificuldades desses problemas é que vemos o biólogo resolvê-las com uma relativa facilidade. Mas nos esquecemos de que para ele é muito mais fácil do que para o sociólogo perceber a maneira como cada fenômeno afeta a força de resistência do organismo e determinar assim seu caráter normal ou anormal com uma exatidão praticamente suficiente. Em sociologia, a complexidade e mobilidade maiores dos fatos obrigam a ser muito mais cauteloso, como provam os julgamentos contraditórios de que é objeto o mesmo fenômeno por parte dos partidos. Para mostrar o quanto essa prudência é necessária, mostremos por alguns exemplos a que erros nos expomos quando não nos submetemos a ela e sob que nova luz os fenômenos mais essenciais aparecem quando são tratados metodicamente.

Se existe um fato cujo caráter patológico parece incontestável, é o crime. Todos os criminologistas estão de acordo sobre esse ponto. Embora expliquem essa morbidade de maneiras diferentes, são unânimes em reconhecê-la. O problema, contudo, exigia ser tratado com menos prontidão.

Apliquemos, com efeito, as regras precedentes. O crime não se observa somente na maioria das sociedades desta ou daquela espécie, mas em todas as sociedades de todos os tipos. Não há sociedade onde não exista uma criminalidade. Ela muda de forma, os atos assim qualificados não são os mesmos em toda parte; mas, em toda parte e sempre, houve homens que se conduziram de modo a atrair sobre eles a repressão penal. Se, pelo menos, à medida que as sociedades passam dos tipos inferiores aos mais elevados, a taxa da criminalidade, isto é, a relação entre o número anual dos crimes e o da população, tendesse a baixar, poder-se-ia acreditar que, mesmo permanecendo um fenômeno normal, o crime tende, contudo, a perder esse caráter. Mas não temos nenhuma razão que nos permita acreditar na realidade dessa regressão. Muitos fatos pareceriam antes demonstrar a existência de um movimento no sentido inverso. Desde o início do século, a estatística nos fornece o meio de acompanhar a marcha da criminalidade; ora, ela aumentou em toda parte. Na França, o aumento é de quase 300%. Não há, portanto, fenômeno que apresente da maneira mais incontestável todos os sintomas da normalidade, uma vez que ele aparece estreitamente ligado às condições de toda vida coletiva. Fazer do crime uma doença social seria admitir que a doença não é algo acidental, mas, ao contrário, deriva, em certos casos, da constituição fundamental do ser vivo; seria apagar qualquer distinção entre o fisiológico e o patológico. Sem dúvida, pode ocorrer que o próprio crime tenha formas anormais; é o que acontece quando, por exemplo, ele atinge uma taxa exagerada. É certo que, com efeito, esse excesso não é de natureza mórbida. O que é normal é simplesmente que haja uma criminalidade, desde que esta atinja e não ultrapasse, para cada tipo social, certo nível que talvez não seja impossível de fixar de acordo com as regras precedentes[42].

Estamos, portanto, diante de uma conclusão bastante paradoxal, aparentemente. Pois não se deve interpretá-la de ma-

---

42. Do fato de o crime ser um fenômeno de sociologia normal, não se conclui que o criminoso seja um indivíduo normalmente constituído do ponto de vista biológico e psicológico. As duas questões são independentes uma da outra. Essa independência será mais bem compreendida quando mostrarmos, mais adiante, a diferença existente entre os fatos psíquicos e os fatos sociológicos.

neira equívoca. Classificar o crime entre os fenômenos de sociologia normal não é somente dizer que ele é um fenômeno inevitável, embora lamentável, devido à incorrigível maldade humana; é afirmar que é um fator da saúde pública, uma parte integrante de toda sociedade saudável. À primeira vista, esse resultado é suficientemente surpreendente para que tenha nos desconcertado, e durante muito tempo. Contudo, uma vez dominada essa primeira impressão de surpresa, não é difícil encontrar as razões que explicam essa normalidade e, ao mesmo tempo, a confirmam.

Em primeiro lugar, o crime é normal porque uma sociedade que dele fosse isenta é absolutamente impossível.

O crime, como já mostramos, consiste em um ato que ofende certos sentimentos coletivos, dotados de uma energia e de uma nitidez particulares. Para que, em uma sociedade dada, os atos considerados criminosos pudessem deixar de ser cometidos, seria então necessário que os sentimentos que eles ferem se constatassem em todas as consciências individuais sem exceção e com o grau de força necessário para conter os sentimentos contrários. Ora, supondo que essa condição pudesse ser efetivamente realizada, nem assim o crime desapareceria, apenas mudaria de forma; pois a causa mesma que secaria assim as fontes da criminalidade abriria imediatamente outras novas.

Com efeito, para que os sentimentos coletivos que o direito penal de um povo protege, em um determinado momento de sua história, consigam assim penetrar nas consciências que até então lhes estavam fechadas ou ter mais domínio onde não tinham bastante, é preciso que adquiram uma intensidade superior àquela que tinham até então. É preciso que a comunidade como um todo os sinta com mais entusiasmo, pois eles não podem extrair de outra fonte a força maior que lhes permite se impor aos indivíduos que antes lhes eram mais refratários. Para que os assassinos desapareçam é preciso que o horror do sangue derramado se torne maior naquelas camadas sociais em que eles são recrutados, mas para isso é preciso que ele se torne maior em toda a extensão da sociedade. Aliás, a ausência mesma do crime contribuiria diretamente na produção desse resultado, pois um sentimento é visto como muito mais respeitável quando ele é sempre e uniformemente respeitado. Mas não se dá atenção ao fato de que esses estados fortes da consciência comum não podem ser assim reforçados sem que os estados mais fracos, cuja violação originava anteriormente apenas faltas puramente morais, sejam ao mesmo tempo reforçados, pois os segundos são somente o prolongamento, a forma atenuada dos primeiros. Desse modo, o roubo e a simples indelicadeza ofendem apenas um único e mesmo sentimento altruísta, o respeito da propriedade de outrem. Mas esse mesmo sentimento é bem menos ofendido por um desses atos do que pelo outro; e como, por outro lado, ele não tem na média das consciências uma intensidade suficiente para sentir vivamente a mais leve dessas duas ofensas, esta é objeto de uma maior tolerância. Eis por que se reprova simplesmente o indelicado enquanto o ladrão é punido. Mas se esse mesmo sentimento se tornar mais forte, a ponto de calar em todas as consciências a propensão que leva o homem ao roubo, ele se tornará mais sensível às lesões que, até então, não o afetavam senão ligeiramente; ele então reagirá contra elas com mais determinação; elas serão objeto de uma reprovação mais enérgica que fará que algumas delas passem de simples faltas morais ao estado de crimes. Por exemplo, os contratos indelicados ou indelicadamente executados, que provocam apenas uma reprovação pública ou reparações civis, se tornarão delitos. Imaginem uma sociedade de santos, um claustro exemplar e perfeito. Nessa sociedade, os crimes propriamente ditos serão desconhecidos, mas as faltas que parecem veniais ao homem comum provocarão o mesmo escândalo que o delito ordinário provoca nas consciências ordinárias. Portanto, se essa sociedade se encontrar armada do poder de julgar e de punir, ela qualificará esses atos de criminosos e os tratará como tais. É pela mesma razão que o perfeito homem honesto julga suas menores falhas morais com uma severidade que a multidão reserva aos atos realmente delituosos. Antigamente, as violências contra as pessoas eram mais frequentes do que hoje porque o respeito pela dignidade individual era menor. Como ele aumentou, esses crimes tornaram-se mais raros; mas também muitos atos que lesavam esse sentimento entraram no direito penal do qual primitivamente não faziam parte[43].

Talvez perguntem, para esgotar todas as hipóteses logicamente possíveis, por que essa unanimidade não se estenderia a todos os sentimentos coletivos sem exceção; por que mesmo os mais fracos não se fortaleceriam para prevenir qualquer dissidência. A consciência moral da sociedade se encontraria por inteiro em todos os indivíduos e com uma vitalidade suficiente para impedir todo ato que a ofendesse, tanto as faltas puramente morais quanto os crimes. Mas uma uniformidade tão universal e tão absoluta é radicalmente impossível, pois o meio físico imediato no qual cada um de nós se encontra, os antecedentes hereditários, as influências sociais das quais dependemos variam de um indivíduo a outro e, portanto, diversificam as consciências. Não é possível que todos se assemelhem a tal ponto, simplesmente porque cada um tem seu organismo próprio e porque esses organismos ocupam porções diferentes do espaço. É por isso que, mesmo nos povos inferiores, em que a originalidade individual é muito pouco desenvolvida, ela não é, no entanto, nula. Desta forma, uma vez que não pode haver sociedade em que os indivíduos não divirjam mais ou menos do tipo coletivo, também é inevitável que, entre essas divergências, haja algumas que apresentem um caráter criminoso. Pois o que lhes confere esse caráter não é sua importância intrínseca, mas aquela que a consciência comum lhes atribui. Portanto, se esta é mais forte, se tem bastante autoridade para tornar essas divergências muito fracas em valor absoluto, ela será também mais sensível, mais exigente e, ao reagir contra os menores desvios com a energia que manifesta em outros campos somente contra dissidências mais consideráveis, ela irá lhes atribuir a mesma gravidade, significando que os marcará como criminosos.

O crime é, pois, necessário; está ligado às condições fundamentais de toda vida social, sendo, por isso mesmo, útil; pois as próprias condições de que é solidário são indispensáveis à evolução normal da moral e do direito.

---

43. Calúnias, injúrias, difamação, dolo etc.

Com efeito, não é mais possível hoje contestar que não só o direito e a moral variam de um tipo social a outro, como também mudam para um mesmo tipo se as condições da existência coletiva se modificam. Mas, para que essas transformações sejam possíveis, é preciso que os sentimentos coletivos que estão na base da moral não sejam refratários à mudança, que tenham, por conseguinte, apenas uma energia moderada. Se fossem demasiado fortes não seriam mais plásticos. Todo arranjo, com efeito, é um obstáculo ao rearranjo, e isso tanto mais quanto mais sólido for o arranjo primitivo. Quanto mais uma estrutura é fortemente acentuada, mais ela opõe resistência a qualquer modificação, e há arranjos funcionais bem como arranjos anatômicos. Ora, se não houvesse crimes, essa condição não seria preenchida, pois tal hipótese supõe que os sentimentos coletivos teriam chegado a um grau de intensidade inédito na história. Nada é bom indefinidamente e sem medida. É preciso que a autoridade de que a consciência moral usufrui não seja excessiva; caso contrário, ninguém ousaria voltar-se contra ela e seria muito fácil se engessar em uma forma imutável. Para que ela possa evoluir é preciso que a originalidade individual possa se revelar; ora, para que a do idealista que sonha em superar seu século possa se manifestar é preciso que a do criminoso, que está aquém de seu tempo, seja possível. Uma não existe sem a outra.

E isso não é tudo. Além dessa utilidade indireta, talvez o próprio crime cumpra um papel útil nessa evolução. Não apenas ele implica que a via permanece aberta às mudanças necessárias, mas também, em certos casos, ele prepara diretamente essas mudanças. Não apenas, ali onde ele existe, os sentimentos coletivos estão no estado de maleabilidade necessária para tomar uma forma nova, como também ele contribui às vezes para predeterminar a forma que eles tomarão. Quantas vezes, com efeito, ele é apenas uma antecipação da moral vindoura, um encaminhamento em direção ao que será! Segundo o direito ateniense, Sócrates era um criminoso e sua condenação era apenas justa. Contudo, seu crime, a saber, a independência de seu pensamento, era útil não somente à humanidade, mas à sua pátria. Pois ele servia para preparar uma moral e uma fé novas de que os atenienses então precisavam, pois tradições com as quais tinham vivido até então não estavam mais em harmonia com suas condições de existência. Mas o caso de Sócrates não é isolado; ele se reproduz periodicamente na história. A liberdade de pensar de que desfrutamos atualmente jamais poderia ter sido proclamada se as regras que a proibiam não tivessem sido violadas antes de serem solenemente abolidas. Contudo, naquele momento, essa violação era um crime, uma vez que era uma ofensa a sentimentos ainda muito vivos na maioria das consciências. E, no entanto, esse crime era útil, já que prenunciava as transformações que, dias após dia, tornavam-se mais necessárias. A livre-filosofia teve como precursores os hereges de todo tipo que o braço secular justamente atingiu ao longo da Idade Média e até as vésperas dos tempos contemporâneos.

Desse ponto de vista, os fatos fundamentais da criminologia se apresentam a nós sob um aspecto totalmente novo. Contra as ideias correntes, o criminoso não aparece mais como um ser radicalmente insociável, como uma espécie de elemento parasitário, de corpo estranho e inassimilável, introduzido no seio da sociedade[44]; ele é um agente regular da vida social. O crime, por sua vez, não deve mais ser concebido como um mal que não poderia ser contido nos limites demasiado estreitos; mas, longe de se poder comemorar quando às vezes ele cai muito abaixo do nível normal, pode-se ter certeza de que esse progresso aparente é ao mesmo tempo contemporâneo e solidário de alguma perturbação social. Por isso o número de agressões e ferimentos nunca cai tão baixo quanto em tempo de escassez[45]. Ao mesmo

---

44. Nós mesmos cometemos o erro de falar assim do criminoso, por não termos aplicado nossa regra (*Division du travail social*, p. 395-396).

45. Além disso, não é porque o crime é um fato de sociologia normal que não deva ser odiado. A dor também não é desejável; o indivíduo a odeia como a sociedade odeia o crime, e, ainda assim, ela pertence, faz parte da fisiologia normal. Não só ela deriva necessariamente da própria constituição de todo ser vivo, como desempenha um papel útil na vida e pelo qual não pode ser substituída. Seria, portanto, desnaturar singularmente nosso pensamento apresentá-lo como uma apologia do crime. Nem sequer pensaríamos em protestar contra tal interpretação se não soubéssemos a que acusações estranhas e a quais mal-entendidos estamos expostos quando nos comprometemos a estudar os fatos morais objetivamente e a falar deles em uma linguagem que não é a do homem comum.

tempo, e como consequência, a teoria da pena se vê renovada, ou melhor, por renovar. Se, com efeito, o crime é uma doença, a pena é seu remédio e não pode ser concebida de outra forma; por isso todas as discussões que ela levanta concentram-se em saber o que ela deve ser para cumprir seu papel de remédio. Mas, se o crime nada tem de mórbido, a pena não poderia ter como objeto curá-lo e sua verdadeira função deve ser procurada em outro lugar.

Por conseguinte, as regras anteriormente enunciadas estão longe de terem outra razão de ser que satisfazer um formalismo lógico sem grande utilidade, uma vez que, ao contrário, segundo sejam aplicadas ou não, os fatos sociais mais essenciais mudam totalmente de caráter. Aliás, se esse exemplo é particularmente demonstrativo – e por isso acreditamos ser nosso dever nos alongarmos – há muitos outros que poderiam ser proveitosamente citados. Não existe sociedade em que não seja regra que a pena deve ser proporcional ao delito; contudo, para a escola italiana, esse princípio não é senão uma invenção de juristas, desprovida de qualquer solidez[46]. Mesmo para esses criminologistas, é a instituição penal como um todo, assim como funcionou até agora em todos os povos conhecidos, que é um fenômeno contranatural. Já vimos que, para Garofalo, a criminalidade específica às sociedades inferiores nada tem de natural. Para os socialistas, é a organização capitalista, apesar de sua generalidade, que constitui um desvio do estado normal, produzido pela violência e pelo artifício. Ao contrário, para Spencer, é nossa centralização administrativa, é a extensão dos poderes governamentais o vício radical de nossas sociedades, e isso ainda que ambas avancem da maneira mais regular e mais universal à medida que avançamos na história. Não acreditamos que alguma vez tenha sido sistemática a obrigação de decidir sobre o caráter normal ou anormal dos fatos sociais segundo seu grau de generalidade. É sempre com muita dialética que essas questões são decididas.

Contudo, descartado esse critério, não apenas há o risco de confusões e de erros parciais, como os que acabamos de evocar, mas a própria ciência torna-se impossível. Com efeito, ela tem

---

46. Cf. GAROFALO. *Criminologie*, p. 299.

como objeto imediato o estudo do tipo normal; ora, se os fatos mais gerais podem ser mórbidos, talvez o tipo normal jamais tenha existido nos fatos. Portanto, para que serve estudá-los? Eles só podem confirmar nossos preconceitos e enraizar nossos erros uma vez que deles resultam. Se a pena, se a responsabilidade, assim como existem na história, não passam de um produto da ignorância e da barbárie, de que serve se dedicar a conhecê-las para determinar suas formas normais? É assim que o espírito é levado a se desviar de uma realidade doravante sem interesse para se fechar sobre si mesmo e buscar dentro de si os materiais necessários para reconstruí-la. Para que a sociologia trate os fatos como coisas é preciso que o sociólogo sinta a necessidade de compreendê-los. Ora, como o objeto principal de toda ciência da vida, quer individual quer social, é, em suma, definir o estado normal, explicá-lo e distingui-lo de seu contrário, se a normalidade não estiver dada nas próprias coisas, se ela for, ao contrário, um caráter que lhes imprimimos a partir de fora ou que lhes recusamos por razões quaisquer, isso significa o fim dessa salutar dependência. O espírito se encontra à vontade perante o real, que pouco tem a lhe ensinar; não está mais contido pela matéria à qual se aplica, uma vez que é ele, de alguma forma, que a determina. As diferentes regras que estabelecemos até agora são, portanto, estreitamente solidárias. Para que a sociologia seja realmente uma ciência de coisas, é preciso que a generalidade dos fenômenos seja tomada como critério de sua normalidade.

Nosso método, aliás, tem a vantagem de regular a ação ao mesmo tempo que o pensamento. Se o desejável não é objeto de observação, mas pode e deve ser determinado por uma espécie de cálculo mental, nenhum limite, por assim dizer, pode ser atribuído às livres invenções da imaginação em busca do melhor. Pois como atribuir à perfeição um limite que ela não pode ultrapassar? Ela escapa, por definição, a qualquer limitação. O objetivo da humanidade recua, portanto, ao infinito, desencorajando uns por seu distanciamento mesmo e, ao contrário, incentivando e inflamando outros, que, para dele se aproximar um pouco, aceleram o passo e se precipitam nas revoluções. Escapa-se a esse dilema prático se o desejável for a saúde, e se a saúde for algo definido e dado nas coisas, pois o limite do esforço é dado e definido ao mesmo tempo. Não se trata mais de perseguir desesperadamente um fim que escapa à medida que se avança, mas de trabalhar com uma regular perseverança para manter o estado normal, para restabelecê-lo se for desestabilizado, para redescobrir suas condições se elas vierem a mudar. O dever do homem de Estado não é mais impelir violentamente as sociedades na direção de um ideal que lhe parece sedutor, mas seu papel é o do médico: ele previne a eclosão das doenças por uma boa higiene e, quando elas surgem, procura curá-las[47].

---

47. Da teoria desenvolvida neste capítulo se concluiu por vezes que, segundo nós, a marcha ascendente da criminalidade no decorrer do século XIX era um fenômeno normal. Nada se afasta mais de nosso pensamento. Vários fatos que indicamos sobre o suicídio (cf. *Le suicide*, p. 420ss.) nos fazem pensar que esse desenvolvimento é, em geral, mórbido. Todavia, talvez um certo crescimento de algumas formas de criminalidade fosse normal, pois cada estado de civilização tem sua criminalidade própria. Mas sobre esse assunto só se podem levantar hipóteses.

Capítulo IV
Regras relativas à constituição dos tipos sociais

Dado que um fato social só pode ser qualificado de normal ou de anormal em relação a uma espécie social determinada, o que precede implica que um ramo da sociologia se dedica à constituição dessas espécies e à sua classificação.

Essa noção da espécie social apresenta, aliás, a grande vantagem de nos fornecer um meio-termo entre as duas concepções contrárias da vida coletiva que, por um longo período, dividiram os eruditos; refiro-me ao nominalismo dos historiadores[48] e ao realismo extremo dos filósofos. Para o historiador, as sociedades constituem igualmente individualidades heterogêneas, incomparáveis entre si. Cada povo tem sua fisionomia, sua constituição específica, seu direito, sua moral, sua organização econômica que só convêm a ele, e qualquer generalização é praticamente impossível. Para o filósofo, ao contrário, todos esses agrupamentos particulares, que chamamos tribos, cidades, nações, são apenas combinações contingentes e provisórias sem realidade própria. De real só a humanidade, e é dos atributos gerais da natureza humana que decorre toda evolução social. Para os primeiros, pois, a história é apenas uma sequência de acontecimentos que se encadeiam sem se reproduzir; para os segundos, esses mesmos acontecimentos só têm valor e interesse como ilustração das leis gerais que estão inscritas na constitui-

---

48. Eu o chamo assim porque foi frequente entre os historiadores, mas não quero dizer que se encontre em todos.

ção do homem e que dominam todo o desenvolvimento histórico. Para aqueles, o que é bom para uma sociedade não poderia se aplicar às outras. As condições do estado de saúde variam de um povo a outro e não podem ser determinadas teoricamente; é questão de prática, de experiência, de tentativas. Para os outros, elas podem ser calculadas de uma vez por todas e para todo o gênero humano. Parecia, portanto, que a realidade social não podia ser senão objeto de uma filosofia abstrata e vaga ou de monografias puramente descritivas. Mas escapamos a essa alternativa uma vez que reconhecemos que, entre a variedade confusa das sociedades históricas e o conceito único, mas ideal, da humanidade, há intermediários: são as espécies sociais. Na ideia de espécie, com efeito, encontram-se reunidas tanto a unidade exigida por toda pesquisa realmente científica quanto a diversidade que é dada nos fatos, uma vez que a espécie é a mesma em todos os indivíduos que dela fazem parte e que, por outro lado, as espécies diferem entre si. Ainda é certo que as instituições morais, jurídicas, econômicas etc., são infinitamente variáveis, mas essas variações não são de uma natureza a não oferecer qualquer apropriação pelo pensamento científico.

Foi por ter menosprezado a existência de espécies sociais que Comte considerou ser possível representar o progresso das sociedades humanas como idêntico ao de um povo único "ao qual seriam idealmente relacionadas todas as modificações consecutivas observadas nas populações distintas"[49]. É que, com efeito, se existe apenas uma única espécie social, as sociedades particulares não podem diferir entre si senão em graus, conforme apresentem mais ou menos completamente os traços constitutivos dessa espécie única, conforme expressem mais ou menos perfeitamente a humanidade. Se, ao contrário, existem tipos sociais qualitativamente distintos uns dos outros, por muito que tentemos aproximá-los, não será possível fazer com que se encontrem exatamente como as seções homogêneas de uma reta geométrica. O desenvolvimento histórico perde assim a unidade

___
49. *Cours de philosophie positive*, IV, p. 263.

ideal e simplista que lhe atribuíam; ele se fragmenta, por assim dizer, em uma variedade de pedaços que, como diferem especificamente uns dos outros, não poderiam se ligar de uma maneira contínua. A famosa metáfora de Pascal, retomada depois por Comte, doravante não é mais verdadeira.

Mas como proceder para constituir essas espécies?

I

À primeira vista, pode parecer que não há outra maneira de proceder que estudar cada sociedade em particular, fazer sua monografia tão exata e tão completa quanto possível, depois comparar todas essas monografias entre elas, ver em que concordam e em que divergem e, então, de acordo com a importância relativa dessas similitudes e dessas divergências, classificar os povos em grupos semelhantes ou diferentes. Em apoio a esse método, cabe observar que ele só é admissível em uma ciência de observação. A espécie, com efeito, não é senão o resumo dos indivíduos; como então constituí-la se não começando por descrever cada um deles e por descrevê-lo integralmente? Não é uma regra de só se elevar ao geral depois de ter observado o particular e todo o particular? Por essa razão foi que às vezes se quis postergar a sociologia até a época indefinidamente longínqua em que a história, no estudo que faz das sociedades particulares, terá chegado a resultados bastante objetivos e definidos para poderem ser utilmente comparados.

Mas, na realidade, essa circunspecção não tem de científico senão a aparência. Não é exato, com efeito, que a ciência só possa instituir leis depois de ter revisado todos os fatos que elas expressam, ou formar gêneros só depois de ter descrito, em sua integralidade, os indivíduos que eles abarcam. O verdadeiro método experimental tende antes a substituir os fatos vulgares, que só são demonstrativos se forem numerosos e que, por conseguinte, só permitem conclusões sempre suspeitas, por fatos *decisivos* ou cruciais, como dizia Bacon[50], que, por si próprios

---

50. *Novum organum*, II, § 36.

e independentemente de seu número, têm um valor e um interesse científicos. É sobretudo necessário proceder assim quando se trata de constituir gêneros e espécies. Pois fazer o inventário de todas as características que pertencem a um indivíduo é um problema insolúvel. Todo indivíduo é um infinito e o infinito não pode ser esgotado. Devemos nos ater às suas propriedades mais essenciais? Mas segundo qual princípio faremos essa triagem? É necessário para isso um critério que ultrapasse o indivíduo e que as monografias mais bem-feitas não poderiam, pois, nos fornecer. Mesmo sem exigir todo esse rigor, pode-se prever que, quanto mais numerosas forem as características que servirão de base à classificação, tanto mais difícil será que as diversas maneiras como elas se combinam nos casos particulares apresentem semelhanças suficientemente claras e diferenças suficientemente distintas para permitir a constituição de grupos e de subgrupos definidos.

Mas ainda que uma classificação segundo esse método fosse possível, ela teria o grande defeito de não prestar os serviços que são sua razão de ser. Com efeito, ela deve, sobretudo, ter como objeto abreviar o trabalho científico ao substituir a multiplicidade indefinida dos indivíduos por um número restrito de tipos. Mas perde essa vantagem se esses tipos não forem constituídos senão depois de todos os indivíduos terem sido revisados e analisados em sua totalidade. Ela pouco pode facilitar a pesquisa se apenas resumir as pesquisas já feitas. Só será verdadeiramente útil se nos permitir classificar outros caracteres que não aqueles que lhe servem de base, se nos oferecer quadros para os fatos vindouros. Seu papel é nos oferecer pontos de referência aos quais possamos relacionar outras observações que não aquelas fornecidas por esses mesmos pontos de referência. Mas, para isso, é preciso que ela seja feita, não segundo um inventário completo de todos os caracteres individuais, mas segundo um pequeno número deles, cuidadosamente escolhidos. Nessas condições ela não servirá apenas para colocar alguma ordem nos conhecimentos alcançados; servirá para produzir novos conhecimentos. Como o guiará, ela poupará muitos procedimentos ao observador. Assim, uma vez estabelecida a classificação a partir desse princípio, para saber se um fato é geral em uma espécie não será necessário ter observado todas as sociedades dessa espécie, algumas serão suficientes. Mesmo em muitos casos, será suficiente uma observação bem-feita, assim como, muitas vezes, uma experiência bem conduzida é suficiente para estabelecer uma lei.

Para nossa classificação, devemos, portanto, escolher caracteres particularmente essenciais. É verdade que só podemos conhecê-los se a explicação dos fatos estiver suficientemente avançada. Essas duas partes da ciência são solidárias e o progresso de uma depende do progresso da outra. Contudo, sem querer avançar no estudo dos fatos, não é difícil conjecturar de que lado se deve buscar as propriedades características dos tipos sociais. Sabemos, com efeito, que as sociedades são compostas de partes que vão se adicionando umas às outras. Uma vez que a natureza de toda resultante depende necessariamente da natureza, do número dos elementos componentes e de seu modo de combinação, esses caracteres são evidentemente aqueles que devemos tomar como base, e veremos a seguir, com efeito, que é deles que dependem os fatos gerais da vida social. Por outro lado, como são de ordem morfológica, poderíamos chamar *Morfologia social* a parte da sociologia cuja tarefa é constituir e classificar os tipos sociais.

Podemos até deixar mais claro o princípio dessa classificação. Com efeito, sabemos que essas partes constitutivas de que é formada toda sociedade são sociedades mais simples do que ela. Um povo é o produto da reunião de dois ou mais povos que o precederam. Se então conhecêssemos a sociedade mais simples que já existiu, teríamos apenas, para fazer nossa classificação, de acompanhar a maneira como essa sociedade se compõe consigo mesma e como esses compostos se compõem entre si.

II

Spencer compreendeu muito bem que a classificação metódica dos tipos sociais não podia ter outro fundamento.

"Vimos, diz ele, que a evolução social começa com pequenos agregados simples; que ela progride pela união de alguns desses agregados em agregados maiores e que, depois de consolidados, esses grupos se unem com outros semelhantes a eles para formar agregados ainda maiores. Nossa classificação deve então começar pelas sociedades da primeira ordem, isto é, da mais simples"[51].

Infelizmente, para pôr esse princípio em prática, seria preciso começar por definir com precisão o que se entende por sociedade simples. Ora, essa definição, não apenas Spencer não a dá, como a julga praticamente impossível[52]. É que, com efeito, a simplicidade, como ele a compreende, consiste essencialmente em uma certa rudimentaridade de organização. Ora, não é fácil dizer com exatidão em que momento a organização social é suficientemente rudimentar para ser qualificada de simples; depende da avaliação. Por isso, a fórmula que ele dá é tão imprecisa que convém a todo tipo de sociedades. "Não temos nada de melhor a fazer, diz ele, a não ser considerar como uma sociedade simples aquela que forma um todo não submetido a um outro e cujas partes cooperam com ou sem centro regulador, com vistas a certos fins de interesse público"[53]. Mas há muitos povos que satisfazem essa condição. O resultado é que ele confunde, um pouco ao acaso, sob essa mesma rubrica, todas as sociedades menos civilizadas. Imaginamos o que pode ser, com tal ponto de partida, todo o resto de sua classificação. Vemos reunidas, na mais surpreendente confusão, as sociedades mais díspares, os gregos homéricos ao lado dos feudos do século X, e abaixo dos bechuanas, dos zulus e dos fijianos, a confederação ateniense ao lado dos feudos da França do século XIII e abaixo dos iroqueses e dos araucanos.

---

51. *Sociologie*, II, p. 135.

52. "Nem sempre podemos dizer com precisão o que constitui uma sociedade simples" (Ibid., p. 135, 136).

53. Ibid., p. 136.

A palavra simplicidade só tem sentido definido se significar uma ausência completa de partes. Por sociedade simples é preciso então entender toda sociedade que não contém outras, mais simples do que ela; que não apenas se encontra atualmente reduzida a um segmento único, como também não apresenta nenhum traço de uma segmentação anterior. A *horda*, assim como já a definimos em outro livro[54], corresponde exatamente a essa definição. É um agregado social que não compreende e jamais compreendeu em seu seio qualquer outro agregado mais elementar, mas que se decompõe imediatamente em indivíduos. Estes não formam, no interior do grupo total, grupos especiais e diferentes do precedente; são justapostos atomicamente. É concebível que não possa haver sociedade mais simples; é o protoplasma do reino social e, por conseguinte, a base natural de qualquer classificação.

É verdade que talvez não exista sociedade histórica que corresponda exatamente a essa sinalização; mas, assim como mostramos no livro já citado, conhecemos muitas delas que são formadas, imediatamente e sem outro intermediário, por uma repetição de hordas. Quando a horda se torna assim um segmento social em vez de ser toda a sociedade, ela muda de nome, chama-se clã; mas mantém os mesmos traços constitutivos. O clã é, com efeito, um agregado social que não se decompõe em nenhum outro, mais restrito. Talvez observem que, geralmente, ali onde o observamos hoje, ele contém uma pluralidade de famílias particulares. Mas, primeiro, por razões que não podemos desenvolver aqui, acreditamos que a formação desses pequenos grupos familiares é posterior ao clã; depois elas não constituem, falando exatamente, segmentos sociais porque não são divisões políticas. Onde quer que se encontre, o clã constitui a última divisão desse gênero. Portanto, mesmo que não tivéssemos outros fatos para postular a existência da horda – e eles existem, e um dia teremos a ocasião de expor –, a existência do clã, isto é, de sociedades formadas por uma reunião de hordas, autoriza-nos a supor que houve primeiro sociedades mais simples que se redu-

---

54. *Division du travail social*, p. 189.

ziam à horda propriamente dita, e a fazer desta o tronco de onde saíram todas as espécies sociais.

Uma vez colocada essa noção da horda ou sociedade de segmento único – quer seja concebida como uma realidade histórica ou como um postulado da ciência – temos o ponto de apoio necessário para construir a escala completa dos tipos sociais. Distinguiremos tantos tipos fundamentais quantas forem as maneiras, para a horda, de se combinar com ela mesma dando origem a sociedades novas e, para estas, de se combinarem entre si. Primeiramente encontraremos agregados formados por uma simples repetição de hordas ou de clãs (para lhes dar seu novo nome), sem que esses clãs estejam associados uns aos outros de modo a formar grupos intermediários entre o grupo total que compreende todos eles e cada um deles. Eles estão simplesmente justapostos como os indivíduos da horda. Encontram-se exemplos dessas sociedades, que poderiam ser chamadas *polissegmentares simples*, em certas tribos iroquesas e australianas. *O arch* ou tribo cabília tem o mesmo caráter; é uma reunião de clãs fixados na forma de aldeias. Muito provavelmente, houve um momento na história em que a *cúria* romana e a *fratria* ateniense eram uma sociedade desse gênero. Acima, viriam as sociedades formadas por uma reunião de sociedades da espécie precedente, isto é, *sociedades polissegmentares simplesmente compostas*. Tal é o caráter da confederação iroquesa, daquela formada pela reunião das tribos cabílias; o mesmo ocorreu, na origem, com cada uma das três tribos primitivas cuja associação, mais tarde, deu origem à cidade romana. Em seguida, encontraríamos as *sociedades polissegmentares duplamente compostas*, que resultam da justaposição ou fusão de várias sociedades polissegmentares simplesmente compostas. Estas são a cidade, um agregado de tribos, que são elas mesmas agregados de cúrias, que, por sua vez, se decompõem em *gentes* ou clãs, e a tribo germânica, com seus condados, que se subdividem em centenas, os quais, por sua vez, têm como unidade última o clã que se tornou aldeia.

Não precisamos desenvolver mais nem avançar nessas poucas indicações, dado que não teria sentido efetuar aqui uma classificação das sociedades. Esse é um problema demasiado complexo para poder ser tratado assim, de forma rápida; ele supõe, ao contrário, todo um conjunto de pesquisas longas e específicas. Quisemos simplesmente, com alguns exemplos, esclarecer as ideias e mostrar como deve ser aplicado o princípio do método. Mesmo o que precede não deve ser considerado como uma classificação completa das sociedades inferiores. Nós simplificamos um pouco as coisas para maior clareza. Supusemos, com efeito, que cada tipo superior era formado por uma repetição de sociedades de um mesmo tipo, ou seja, de um tipo imediatamente inferior. Ora, não é de todo impossível que sociedades de espécies diferentes, situadas de forma desigual no topo da árvore genealógica dos tipos sociais, se reunissem de modo a formar uma espécie nova. Conhecemos ao menos um caso: é o Império Romano, que compreendia em seu seio os povos das mais diversas naturezas[55].

Mas, uma vez esses tipos constituídos, haverá razões para distinguir em cada um deles variedades diferentes, segundo as sociedades segmentares, que servem para formar a sociedade resultante, conservem uma certa individualidade ou, pelo contrário, sejam absorvidas na massa total. Compreende-se, com efeito, que os fenômenos sociais devem variar não somente conforme a natureza dos elementos componentes, mas conforme seu modo de composição; eles devem sobretudo ser muito diferentes, dependendo se cada um dos grupos parciais conserva sua vida local ou se todos eles são absorvidos na vida geral, isto é, se estão mais ou menos estreitamente concentrados. Será necessário, portanto, pesquisar se, em um momento qualquer, produz-se uma coalescência completa desses segmentos. Reconheceremos sua existência pelo fato de essa composição original da sociedade não mais

---

55. Todavia, é verossímil que, em geral, a distância entre as sociedades componentes não pudesse ser muito grande; caso contrário, não poderia haver entre elas nenhuma comunidade moral.

afetar sua organização administrativa e política. Desse ponto de vista, a cidade se distingue nitidamente das tribos germânicas. Entre estas últimas, a organização baseada em clãs se manteve, embora apagada, até o final de sua história, enquanto em Roma, em Atenas, as *gentes* deixaram muito cedo de ser divisões políticas para se tornarem agrupamentos privados.

No interior dos quadros assim constituídos será possível introduzir novas distinções de acordo com os caracteres morfológicos secundários. Contudo, por razões dadas mais adiante, consideramos pouco possível ultrapassar proveitosamente as divisões gerais que acabamos de indicar. Além disso, não precisamos entrar nesses detalhes, basta-nos ter colocado o princípio de classificação que pode ser enunciado da seguinte forma: *Começaremos por classificar as sociedades segundo o grau de composição que elas apresentam, tomando como base a sociedade perfeitamente simples ou de segmento único; no interior dessas classes, distinguiremos variedades diferentes segundo se produza ou não uma coalescência completa dos segmentos iniciais.*

III

Essas regras respondem implicitamente a uma questão que o leitor talvez tenha se feito ao nos ver falar de espécies sociais como se elas existissem, sem ter diretamente estabelecido a existência delas. Essa prova está contida no princípio mesmo do método que acaba de ser exposto.

Acabamos de ver, com efeito, que as sociedades não eram senão combinações diferentes de uma mesma e única sociedade original. Ora, um mesmo elemento só pode se compor consigo mesmos e os compostos resultantes, por sua vez, só podem se compor entre si segundo um número de modos limitado, sobretudo quando os elementos componentes são pouco numerosos, como no caso dos segmentos sociais. A gama das combinações possíveis é, portanto, finita e, por conseguinte, a maior parte delas, pelo menos, deve se repetir, confirmando-se assim que há espécies sociais. Aliás, é também possível que algumas dessas combinações só se produzam uma única vez. Isso não impede que existam espécies. Nos casos desse tipo, diremos apenas que a espécie só conta com um indivíduo[56].

Portanto, existem espécies sociais pela mesma razão que existem espécies em biologia. Estas, com efeito, devem-se ao fato de que os organismos não são senão combinações variadas de uma mesma e única unidade anatômica. Desse ponto de vista, no entanto, há uma grande diferença entre os dois reinos. Entre os animais, com efeito, um fator especial dá aos caracteres específicos uma força de resistência que os outros não têm: a geração. Os primeiros, porque são comuns a toda a linhagem dos ascendentes, estão bem mais fortemente enraizados no organismo. Não se deixam, portanto, facilmente mudar pela ação dos meios individuais, mas se mantêm idênticos a si mesmos, apesar da diversidade das circunstâncias externas. Há uma força interna que os fixa a despeito das solicitações para variar que podem vir de fora, é a força dos hábitos hereditários. Por isso são nitidamente definidos e podem ser determinados com precisão. No reino social, falta-lhes essa causa interna. Eles não podem ser reforçados pela geração porque duram apenas uma geração. É de regra, com efeito, que as sociedades engendradas sejam de uma outra espécie que as sociedades geradoras, pois estas últimas, quando se combinam, dão origem a arranjos totalmente novos. A colonização é a única que poderia ser comparada a uma geração por germinação; mas, para que a assimilação seja exata, é preciso que o grupo dos colonos não se misture a alguma sociedade de outra espécie ou de outra variedade. Os atributos distintivos da espécie não recebem, portanto, da hereditariedade um acréscimo de força que lhe permita resistir às variações individuais. Mas eles se modificam e se matizam infinitamente sob a ação das circunstâncias: por isso, quando se quer chegar até eles, uma vez descartadas todas as variantes que os ocultam, geralmente só se obtém um resíduo bastante indeterminado. Essa indeterminação aumenta

---

56. Não é esse o caso do Império Romano, que parece não ter análogo na história?

naturalmente tanto mais quanto maior for a complexidade dos caracteres; pois quanto mais uma coisa é complexa, mais as partes que a compõem podem formar combinações diferentes. O resultado é que o tipo específico, para além dos caracteres mais gerais e mais simples, não apresenta contornos tão definidos quanto em biologia[57].

---

57. Ao redigirmos este capítulo para a primeira edição deste livro, nada dissemos sobre o método que consiste em classificar as sociedades segundo seu estado de civilização. Naquele momento, com efeito, não existiam classificações desse tipo que fossem propostas por sociólogos autorizados, com exceção talvez daquela, evidentemente demasiado arcaica, de Comte. Desde então, foram feitas várias tentativas nesse sentido, sobretudo por Vierkandt ("Die Kulturtypen der Menscheil". In: *Archiv. f. Anthropologie*, 1898), por Sutherland (*The Origin and Growth of the Moral Instinct*) e por Steinmetz ("Classification des types sociaux". In: *Année Sociologique*, III, p. 43-147). Entretanto, não nos alongaremos nessa discussão, pois não respondem ao problema apresentado neste capítulo. Encontram-se ali classificadas, não espécies sociais, mas, o que é muito diferente, fases históricas. A França, desde suas origens, passou por formas de civilização muito diferentes; começou sendo agrícola, depois passou à indústria dos teares e ao pequeno comércio, depois à manufatura e, por fim, à grande indústria. Ora, é impossível admitir que uma mesma individualidade coletiva possa mudar de espécie três ou quatro vezes. Uma espécie deve ser definida por caracteres mais constantes. O estado econômico, tecnológico etc., apresenta fenômenos demasiado instáveis e complexos para fornecer a base de uma classificação. É até possível que uma mesma civilização industrial, científica e artística possa ser encontrada em sociedades cuja constituição congênita é muito diferente. O Japão pode adotar nossas artes, nossa indústria, até mesmo nossa organização política; não deixará de pertencer a uma espécie social diferente das da França e da Alemanha. Acrescentemos que essas tentativas, embora conduzidas por importantes sociólogos, deram apenas resultados vagos, questionáveis e de pouca utilidade.

Capítulo V
Regras relativas à explicação dos fatos sociais

Mas a constituição das espécies é sobretudo um meio de agrupar os fatos para facilitar sua interpretação; a morfologia social é uma preparação para a parte realmente explicativa da ciência. Qual é o método próprio desta última?

I

A maioria dos sociólogos acredita ter explicado os fenômenos uma vez que mostrou para que servem, que papel desempenham. Eles raciocinam como se os fenômenos não existissem senão para esse papel e tivessem como causa determinante apenas o sentimento, claro ou confuso, dos serviços que são chamados a prestar. Por isso acreditam ter dito tudo que é necessário para torná-los inteligíveis, quando estabeleceram a realidade desses serviços e mostraram a que necessidade social trazem satisfação. Desse modo, Comte reduz toda a força progressiva da espécie humana a essa tendência fundamental "que impele diretamente o homem a melhorar constantemente sob todos os aspectos sua condição, qualquer que seja ela"[58], e Spencer, à necessidade de uma felicidade maior. É em virtude desse princípio que ele explica a formação da sociedade pelas vantagens que resultam da cooperação, a instituição do governo pela utilidade que existe em regularizar a cooperação militar[59], as transformações pelas quais passou a família pela necessidade de conciliar cada vez mais perfeitamente os interesses dos pais, dos filhos e da sociedade.

---

58. *Cours de philosophie positive*, IV, p. 262.

59. *Sociologie*, III, p. 336.

Mas esse método confunde duas questões muito diferentes. Mostrar em que um fato é útil não é explicar como ele nasceu nem como é o que é. Pois os empregos a que serve supõem as propriedades específicas que o caracterizam, mas não o criam. A necessidade que temos das coisas não pode fazer com que sejam desse ou daquele jeito e, por conseguinte, não é essa necessidade que pode tirá-las do nada e conferir-lhes existência. Elas devem esta última a causas de um outro gênero. O sentimento que temos da utilidade que elas apresentam pode muito bem nos estimular a pôr em prática essas causas e a conseguir os efeitos que elas implicam, não a suscitar esses efeitos do nada. Essa proposição é evidente enquanto se tratar apenas dos fenômenos materiais ou mesmo psicológicos. Ela nem seria contestada em sociologia se os fatos sociais, por causa de sua extrema imaterialidade, não nos parecessem, indevidamente, destituídos de toda realidade intrínseca. Como neles só vemos combinações puramente mentais, parece que devem se produzir por si mesmos assim que a ideia nos ocorre, se ao menos os considerarmos úteis. Mas dado que cada um deles é uma força e que domina a nossa, dado que tem uma natureza que lhe é própria, não bastaria, para lhe conferir existência, desejá-lo ou querê-lo. Ainda é preciso que sejam dadas as forças capazes de produzir essa força determinada, as naturezas capazes de produzir essa natureza especial. É somente com essa condição que ele será possível. Para reavivar o espírito de família ali onde se encontra enfraquecido não basta que todos compreendam suas vantagens; é preciso fazer agir diretamente apenas as causas que podem engendrá-lo. Para devolver a um governo a autoridade de que precisa não basta sentir essa necessidade, é preciso recorrer às únicas fontes de onde deriva toda autoridade, isto é, constituir tradições, um espírito comum etc.; para tanto, é preciso ainda retornar ao ponto mais distante da cadeia das causas e dos efeitos, até que se encontre um ponto em que a ação do homem possa se inserir de forma eficaz.

O que mostra bem a dualidade dessas duas ordens de pesquisas é que um fato pode existir sem servir a nada, seja porque jamais esteve ajustado a algum fim vital, seja porque, depois de ter sido útil, perdeu toda utilidade continuando a existir pela simples força do hábito. Com efeito, há muito mais sobrevivências na sociedade do que no organismo. Há até casos em que uma prática ou uma instituição social mudam de funções sem, no entanto, mudar de natureza. A regra *is pater est quem justae nuptiae declarant* permaneceu materialmente em nosso código a mesma que era no antigo direito romano. Mas, enquanto nessa época ela tinha como objeto salvaguardar os direitos de propriedade do pai sobre os filhos nascidos da esposa legítima, é bem mais o direito dos filhos que ela protege hoje. O juramento começou por uma espécie de prova judiciária para se tornar simplesmente uma forma solene e imponente do testemunho. Os dogmas religiosos do cristianismo não mudaram durante séculos; mas o papel que desempenham em nossas sociedades modernas não é mais o mesmo que na Idade Média. É ainda assim que as palavras servem para expressar ideias novas sem que sua contextura mude. Além disso, é uma proposição verdadeira tanto em sociologia como em biologia que o órgão é independente da função, isto é, embora permanecendo o mesmo, ele pode servir a fins diferentes. É, portanto, que as causas que o fazem existir são independentes dos fins aos quais serve.

Não pretendemos dizer, aliás, que as tendências, as necessidades, os desejos dos homens nunca intervenham, de maneira ativa, na evolução social. Pelo contrário, é certo que lhes é possível, de acordo com a maneira como afetam as condições de que depende um fato, acelerar ou conter seu desenvolvimento. Mas, além de não poderem, em caso algum, fazer qualquer coisa do nada, sua própria intervenção, quaisquer que sejam seus efeitos, só pode ocorrer em virtude de causas eficientes. Com efeito, uma tendência só pode contribuir, mesmo nessa medida restrita, para a produção de um fenômeno novo se ela própria for nova, quer se tenha constituído a partir do zero, quer se deva a alguma transformação de uma tendência anterior. Pois, a não ser que postule uma harmonia preestabelecida verdadeiramente providencial, não se poderia admitir que, desde a origem, o homem carregasse em si, em estado virtual, mas prestes a despertar ao chamado das circunstâncias, todas as tendências cuja oportunidade talvez se fizesse sentir no decorrer da evolução. Ora, uma tendência é ela mesma uma coisa; não pode, portanto, nem se constituir nem se modificar apenas porque a consideramos útil. Ela é uma força que tem sua própria natureza; para que essa natureza seja suscitada ou alterada não basta que vejamos nela alguma vantagem. Para determinar tais mudanças é preciso que as causas que agem as impliquem fisicamente.

Por exemplo, explicamos os constantes progressos da divisão do trabalho social ao mostrar que são necessários para que o homem possa se manter nas novas condições de existência em que se encontra à medida que ele avança na história; atribuímos, portanto, a essa tendência, que indevidamente chamam de instinto de conservação, um papel importante em nossa explicação. Mas, em primeiro lugar, ela por si só não poderia explicar nem mesmo a especialização mais rudimentar. Pois ela nada pode se as condições de que depende esse fenômeno já não estão realizadas, isto é, se as diferenças individuais não estão suficientemente aumentadas devido à indeterminação progressiva da consciência comum e das influências hereditárias[60]. Seria até mesmo preciso que a divisão do trabalho já tivesse começado a existir para que sua utilidade fosse percebida e que sua necessidade se fizesse sentir; e somente o desenvolvimento das divergências individuais, ao implicar uma maior diversidade de gostos e de aptidões, acabaria necessariamente produzindo esse primeiro resultado. Mas, além disso, não foi por si mesmo e sem causa que o instinto de conservação veio fecundar esse primeiro germe de especialização. Se ele se orientou e nos orientou nessa nova via foi principalmente porque a via que ele seguia e nos fazia seguir anteriormente se encontrou de alguma forma barrada, pois a intensidade maior da luta, em razão da concentração maior das sociedades, tornou mais e mais difícil a sobrevivência dos indivíduos que continuavam se consagrando às tarefas gerais. Foi então necessário mudar de direção. Por outro lado, se ele tomou outro caminho e direcionou de preferência nossa atividade para uma divisão do trabalho cada vez mais desenvolvida, é porque esse também era o sentido da menor resistência. As outras soluções possíveis eram a emigração, o suicídio, o crime. Ora, na média dos casos, os vínculos que nos ligam a nosso país, à vida,

---

60. *Division du travail*, II, cap. III e IV.

à simpatia que temos por nossos semelhantes são sentimentos mais fortes e mais resistentes do que os hábitos que podem nos desviar de uma especialização mais estreita. É, portanto, estas últimas que deviam inevitavelmente ceder a cada avanço que se produziu. Desse modo, não retornamos, mesmo parcialmente, ao finalismo porque não nos recusamos a dar um lugar às necessidades humanas nas explicações sociológicas. Pois elas só podem ter influência na evolução social desde que elas mesmas evoluam, e as mudanças pelas quais eles passam só podem ser explicadas por causas que nada têm de final.

Mas ainda mais convincente do que essas considerações que precedem é a prática mesma dos fatos sociais. Ali onde reina o finalismo, reina também uma maior ou menor contingência; pois não existem fins, e menos ainda meios, que se imponham necessariamente a todos os homens, mesmo quando os supomos sob as mesmas circunstâncias. Dado um mesmo meio, cada indivíduo, consoante seu humor, a ele se adapta da maneira que considerar a mais apropriada. Um buscará modificá-lo para que se harmonize com suas necessidades; outro irá preferir modificar a si mesmo e moderar seus desejos, e, para chegar a um mesmo objetivo, quantos caminhos diferentes podem ser e são efetivamente seguidos! Portanto, se fosse verdade que o desenvolvimento histórico se fez para fins clara ou obscuramente sentidos, os fatos sociais deveriam apresentar uma diversidade infinita e qualquer comparação deveria ser quase impossível. Ora, o oposto é verdadeiro. Sem dúvida, os acontecimentos externos cuja trama constitui a parte superficial da vida social variam de um povo a outro. Mas é desse modo que cada indivíduo tem sua história, ainda que as bases da organização física e moral sejam as mesmas em todos. De fato, quando temos algum contato com os fenômenos sociais, ficamos, ao contrário, surpresos com a espantosa regularidade com a qual eles se reproduzem nas mesmas circunstâncias. Mesmo as práticas mais minuciosas e, aparentemente, mais pueris, se repetem com uma espantosa uniformidade. Uma cerimônia nupcial, ao que parece puramente simbólica, como o rapto da noiva, se encontra exatamente em toda parte em que existe um certo tipo familiar, ele mesmo ligado a toda uma organização política. Os mais estranhos usos, como a couvade, o levirato, a exogamia etc., se observam nos povos mais diversos e são sintomáticos de um certo estado social. O direito de testar surge em uma fase determinada da história e, segundo as restrições mais ou menos importantes que o limitam, é possível dizer em que momento da evolução social se encontram. Seria fácil multiplicar os exemplos. Ora, essa generalidade das formas coletivas seria inexplicável se as causas finais tivessem em sociologia a preponderância atribuída a elas.

Quando, portanto, se pretende explicar um fenômeno social é preciso buscar separadamente a causa eficiente que o produz e a função que ele cumpre. Preferimos utilizar a palavra função em lugar da palavra fim ou objetivo precisamente porque os fenômenos sociais não existem, em geral, para obter resultados úteis que eles produzem. O que é preciso determinar é se existe correspondência entre o fato considerado e as necessidades gerais do organismo social e em que consiste essa correspondência, sem se preocupar em saber se ela foi intencional ou não. Todas essas questões de intensão, aliás, são demasiado subjetivas para que possam ser tratadas cientificamente.

Não apenas essas duas ordens de problemas devem ser dissociadas, como convém, em geral, tratar a primeira antes da segunda. Essa ordem, com efeito, corresponde à dos fatos. É natural procurar a causa de um fenômeno antes de tentar determinar seus efeitos. Esse método é tanto mais lógico porque a primeira questão, uma vez resolvida, ajudará com frequência a resolver a segunda. Com efeito, o vínculo de solidariedade que une a causa ao efeito tem um caráter de reciprocidade que não foi suficientemente reconhecido. Sem dúvida, o efeito não pode existir sem sua causa, mas esta, por sua vez, precisa de seu efeito. É dela que ele extrai sua energia, mas também a devolve para ela no momento oportuno e, por conseguinte, não pode desaparecer sem que ela disso se ressinta[61]. Por exemplo,

---

61. Nosso intuito não é o de levantar aqui questões de filosofia geral, que estariam fora de lugar. No entanto, observemos que, mais bem-estudadas, essa reciprocidade da causa e do efeito poderia fornecer um meio de reconciliar o mecanismo científico com o finalismo que a existência e sobretudo a persistência da vida implicam.

a reação social que constitui a pena deve-se à intensidade dos sentimentos coletivos que o crime ofende; mas, por outro lado, ela tem como função útil manter esses sentimentos no mesmo nível de intensidade, pois eles não tardariam a se acirrar se as ofensas sofridas não fossem castigadas[62]. Do mesmo modo, à medida que o meio social torna-se mais complexo e mais móvel, as tradições, as crenças estabelecidas se desestabilizam, ganham algo de mais indeterminado e de mais maleável e as faculdades de reflexão se desenvolvem; mas essas mesmas faculdades são indispensáveis às sociedades e aos indivíduos para se adaptarem a um meio mais móvel e mais complexo[63]. À medida que os homens são obrigados a fornecer um trabalho mais intenso, os produtos desse trabalho tornam-se mais numerosos e de melhor qualidade; mas esses produtos mais abundantes e melhores são necessários para reparar os gastos que esse trabalho considerável acarreta[64]. Desse modo, em vez de a causa dos fenômenos sociais consistir em uma antecipação mental da função que são chamados a cumprir, essa função consiste, ao contrário, pelo menos em muitos casos, em manter a causa preexistente da qual derivam; portanto, a primeira será mais fácil de encontrar se a segunda já for conhecida.

Mas, embora só em segundo lugar se deva proceder à determinação da função, ela não deixa de ser necessária para que a explicação do fenômeno seja completa. Com efeito, se a utilidade do fato não é o que o faz existir, é preciso em geral que ele seja útil para poder se manter. Pois não servir para nada é razão suficiente para ser prejudicial, dado que, nesse caso, ele custa sem dar retorno algum. Se, portanto, a generalidade dos fenômenos sociais tivesse esse caráter parasitário, o orçamento do organismo estaria em déficit, a vida social seria impossível. Por conseguinte, para dar a esta última uma compreensão satisfatória, é necessário mostrar como os fenômenos que são sua matéria competem uns com os outros, de maneira a colocar a sociedade em harmonia consigo mesma e com o exterior. Sem

---

62. *Division du travail social*, I. II, cap. II, e principalmente p. 105ss.

63. Ibid., p. 52-53.

64. Ibid., p. 301ss.

dúvida, a fórmula corrente, que define a vida como uma correspondência entre o meio interno e o meio externo, é apenas aproximada; contudo, é geralmente verdadeira e, por conseguinte, para explicar um fato de ordem vital, não basta mostrar a causa da qual ele depende, é preciso também, pelo menos na maior parte dos casos, encontrar a parte que lhe pertence no estabelecimento dessa harmonia geral.

II

Uma vez essas duas questões distinguidas, precisamos determinar o método segundo o qual elas devem ser resolvidas.

Ao mesmo tempo que é finalista, o método de explicação geralmente seguido pelos sociólogos é essencialmente psicológico. Essas duas tendências são solidárias uma da outra. Com efeito, se a sociedade não é mais do que um sistema de meios instituídos pelos homens para determinados fins, esses fins só podem ser individuais; pois, antes da sociedade, não podia haver senão indivíduos. É, portanto, do indivíduo que emanam as ideias e as necessidades que determinaram a formação das sociedades, e, se é dele que tudo vem, é necessariamente por ele que tudo deve se explicar. Aliás, não há na sociedade nada além das consciências particulares; é, portanto, nestas últimas que se encontra a fonte de toda a evolução social. Por conseguinte, as leis sociológicas não poderão ser senão um corolário das leis mais gerais da psicologia; a explicação suprema da vida coletiva consistirá em mostrar como ela decorre da natureza humana em geral, quer deduzindo-a diretamente da natureza humana e sem observação prévia, quer vinculando-a a essa natureza depois de tê-la observado.

Esses termos são quase textualmente os mesmos utilizados por Augusto Comte para caracterizar seu método. "Uma vez que, diz ele, o fenômeno social, concebido em totalidade, não passa, no fundo, *de um simples desenvolvimento da humanidade, sem nenhuma criação de faculdades quaisquer*, assim como estabeleci mais acima, todas as disposições efetivas que a observação sociológica poderá sucessivamente desvelar deverão portanto ser encontradas pelo menos em germe nesse tipo primordial que a biologia construiu de antemão para a sociologia"[65]. É que, segundo ele, o fato dominante da vida social é o progresso e que, por outro lado, o progresso depende de um fator exclusivamente psíquico, ou seja, a tendência que estimula o homem a desenvolver cada vez mais sua natureza. Além do mais, os fatos sociais derivariam tão imediatamente da natureza humana que, nas primeiras fases da história, poderiam ser diretamente deduzidos dela sem a necessidade de recorrer à observação[66]. É verdade que, segundo a opinião de Comte, é impossível aplicar esse método dedutivo aos períodos mais avançados da evolução. Só que essa impossibilidade é puramente prática. Ela se deve ao fato de a distância entre o ponto de partida e o ponto de chegada tornar-se demasiado considerável para que o espírito humano, se empreendesse percorrê-la sem guia, não corresse o risco de se perder[67]. Mas a relação entre as leis fundamentais da natureza humana e os resultados finais do progresso não deixa de ser analítica. As formas mais complexas da civilização não são senão vida psíquica desenvolvida. Por isso, mesmo quando as teorias da psicologia não podem bastar como premissas ao raciocínio sociológico, elas não deixam de ser a única pedra de toque que permite testar a validade das proposições indutivamente estabelecidas. "Toda lei de sucessão social, diz Comte, indicada pelo método histórico, mesmo com toda a autoridade possível, só deverá ser finalmente admitida depois de ter sido racionalmente vinculada, de uma maneira direta ou indireta, mas sempre incontestável, à teoria positiva da natureza humana"[68]. Portanto, a última palavra sempre caberá à psicologia.

Este também é o método seguido por Spencer. Segundo ele, com efeito, os dois fatores primários dos fenômenos sociais são o meio cósmico e a constituição física e moral do indivíduo[69]. Ora, o primeiro só pode ter influência na sociedade por meio do segundo, que se revela, assim, o motor essencial da evolução so-

---

65. *Cours de philosophie positive*, IV, p. 333.

66. Ibid., p. 345.

67. Ibid., p. 346.

68. Ibid., p. 335.

69. *Principes de sociologie*, I, p. 14.

cial. Se a sociedade se forma é para permitir ao indivíduo realizar sua natureza, e todas as transformações pelas quais ela passou só têm como objeto tornar essa realização mais fácil e mais completa. Foi em virtude desse princípio que, antes de proceder a qualquer pesquisa sobre a organização social, Spencer pensou que deveria consagrar quase todo o primeiro tomo de seus *Princípios de sociologia* ao estudo físico, emocional e intelectual do homem primitivo. "A ciência da sociologia, diz ele, parte das unidades sociais, submetidas às condições que vimos, constituídas física, emocional e intelectualmente, e de posse de certas ideias adquiridas bem cedo e dos sentimentos correspondentes"[70]. E é em dois desses sentimentos, o medo dos vivos e o medo dos mortos, que ele encontra a origem do governo político e do governo religioso[71]. Ele admite, é verdade, que, uma vez formada, a sociedade reage sobre os indivíduos[72]. Mas isso não significa que ela tenha o poder de engendrar diretamente o menor fato social; ela só tem eficácia causal desse ponto de vista por intermédio das mudanças que ela determina no indivíduo. Portanto, é sempre da natureza humana, quer primitiva, quer derivada, que tudo decorre. Aliás, essa ação que o corpo social exerce sobre seus membros não pode ter nada de específico, dado que os fins políticos nada são em si mesmos, só uma simples expressão resumida dos fins individuais[73]. Ela só pode ser, portanto, uma espécie de retorno da atividade privada a si mesma. Sobretudo, não se vê em que ela pode consistir nas sociedades industriais, que têm precisamente como objeto devolver o indivíduo a si mesmo e a seus impulsos naturais, desembaraçando-os de toda coerção social.

Esse princípio não está apenas na base dessas grandes doutrinas de sociologia geral; ele inspira igualmente um grande nú-

---

70. Ibid., p. 583.

71. Ibid., p. 582.

72. Ibid., p. 18.

73. "A sociedade existe para o benefício de seus membros, os membros não existem para o benefício da sociedade [...] os direitos do corpo político nada são em si mesmos, tornam-se algo desde que encarnem os direitos dos indivíduos que o compõem" (Ibid., II, p. 20).

mero de teorias particulares. É assim que, geralmente, se explica a organização doméstica pelos sentimentos que os pais têm por seus filhos e os segundos pelos primeiros; a instituição do casamento, pelas vantagens que apresenta para os esposos e sua descendência; a pena, pela cólera que qualquer dano grave aos seus interesses provoca no indivíduo. Toda vida econômica, assim como concebida e explicada pelos economistas, sobretudo os da escola ortodoxa, está definitivamente ligada a esse fator puramente individual: o desejo da riqueza. Trata-se da moral? Faz-se dos deveres do indivíduo para consigo mesmo a base da ética. Da religião? Vê-se nela um produto das impressões que as grandes forças da natureza ou certas personalidades eminentes despertam no homem etc.

Mas tal método não é aplicável aos fenômenos sociológicos senão desnaturando-os. Basta, para ter essa comprovação, se referir à definição que demos sobre eles. Como sua característica essencial consiste no poder que eles têm de pressionar, a partir de fora, as consciências individuais, então não derivam delas e, portanto, a sociologia não é um corolário da psicologia. Pois essa força coercitiva atesta que eles expressam uma natureza diferente da nossa, uma vez que só penetram em nós pela força ou, pelo menos, pressionando-nos com maior ou menor intensidade. Se a vida social não fosse senão um prolongamento do ser individual, não a veríamos remontar até sua fonte e invadi-la impetuosamente. Como a autoridade diante da qual o indivíduo se inclina quando age, sente ou pensa socialmente, domina-o a esse ponto, então ela é um produto de forças que o ultrapassam e que ele não poderia, portanto, explicar. Não é dele que pode vir essa pressão exterior que ele sofre; não é, portanto, o que se passa dentro dele que pode explicá-la. É verdade que não somos incapazes de coagir a nós mesmos; podemos conter nossas tendências, nossos hábitos, até mesmo nossos instintos, e interromper seu desenvolvimento por um ato de inibição. Mas os movimentos inibidores não poderiam ser confundidos com aqueles que constituem a coerção social. O processo dos primeiros é centrífugo; o dos segundos, centrípeto. Uns se elaboram na consciência individual e tendem, em seguida, a se exteriorizar; os outros são antes exteriores ao indivíduo, e a tendência deles é em seguida moldá-lo a partir de fora à sua imagem. A inibição é então, caso se queira, o meio pelo qual a coerção social produz seus efeitos psíquicos: ela não é essa coerção.

Ora, descartado o indivíduo, só resta a sociedade; é portanto na natureza da própria sociedade que é preciso buscar a explicação da vida social. Concebe-se, com efeito, que ela tenha condições de lhe impor as maneiras de agir e de pensar que consagrou por sua autoridade, uma vez que ela ultrapassa infinitamente o indivíduo no tempo e no espaço. Essa pressão, que é o sinal distintivo dos fatos sociais, é aquela que todos exercem sobre cada um.

Mas, poderão dizer, uma vez que os únicos elementos de que a sociedade é formada são os indivíduos, a origem primeira dos fenômenos sociológicos só pode ser psicológica. Ao raciocinar desse modo, pode-se com a mesma facilidade estabelecer que os fenômenos biológicos se explicam analiticamente pelos fenômenos inorgânicos. Com efeito, é bem evidente que na célula viva não há senão moléculas de matéria bruta. Mas eles estão ali associados, e é essa associação que é a causa desses fenômenos novos que caracterizam a vida e cujo germe é impossível encontrar em qualquer um dos elementos associados. É que um todo não é idêntico à soma de suas partes, ele é algo diferente e cujas propriedades diferem daquelas apresentadas pelas partes de que é composto. A associação não é, como por vezes se supôs, um fenômeno por si só infecundo, que consiste simplesmente em colocar em relações exteriores fatos estabelecidos e propriedades constituídas. Não é ela, pelo contrário, a fonte de todas as novidades que sucessivamente se produziram no decorrer da evolução geral das coisas? Que diferenças existem entre os organismos inferiores e os outros, entre o ser vivo organizado e o simples plastídio, entre este e as moléculas inorgânicas que o compõem, a não ser diferenças de associação? Todos esses seres, em última análise, se decompõem em elementos de mesma natureza; mas esses elementos estão aqui justapostos, ali associados; aqui associados de uma maneira, ali de outra. Temos até o direito de perguntar se essa lei não penetra até no mundo mineral e se as diferenças que separam os corpos inorganizados não têm a mesma origem.

Em virtude desse princípio, a sociedade não é uma simples soma de indivíduos, mas o sistema formado pela associação deles representa uma realidade específica que tem seus caracteres próprios. Sem dúvida, nada de coletivo pode se produzir se consciências particulares não estão dadas; mas essa condição necessária não é suficiente. Ainda é preciso que essas consciências estejam associadas, combinadas, e combinadas de certa maneira; é dessa combinação que resulta a vida social e, por conseguinte, é essa combinação que a explica. Ao se agregarem, ao se penetrarem, ao se fundirem, as almas individuais dão origem a um ser, psíquico se preferirem, mas que constitui uma individualidade psíquica de um gênero novo[74]. Portanto, é na natureza dessa individualidade, não na das unidades componentes, que se devem buscar as causas próximas e determinantes dos fatos que nela se produzem. O grupo pensa, sente, age de forma bastante diferente do que fariam seus membros se estivessem isolados. Portanto, se se partir destes últimos, não se conseguirá compreender o que se passa no grupo. Em suma, há entre a psicologia e a sociologia a mesma solução de continuidade que entre a biologia e as ciências físico-químicas. Por conseguinte, todas as vezes que um fenômeno social é diretamente explicado por um fenômeno psíquico, pode-se ter certeza de que a explicação é falsa.

Talvez respondam que, se a sociedade, uma vez formada, é de fato a causa imediata dos fenômenos sociais, as causas que determinaram sua formação são de natureza psicológica. Concordam que, quando os indivíduos estão associados, a associa-

---

74. Eis em que sentido e por quais razões se pode e se deve falar de uma consciência coletiva distinta das consciências individuais. Para justificar essa distinção não é necessário hipostasiar a primeira; ela tem algo de específico e deve ser designada por um termo específico, simplesmente porque os estados que a constituem diferem especificamente daqueles que constituem as consciências individuais. Essa especificidade deve-se ao fato de não serem formados pelos mesmos elementos. Uns, com efeito, resultam da natureza do ser orgânico-psíquico tomado isoladamente, os outros da combinação de uma pluralidade de seres desse tipo. Portanto, as resultantes só podem diferir, dado que os componentes diferem a esse ponto. Nossa definição do fato social não fazia, aliás, senão marcar de outra maneira essa linha de demarcação.

ção deles pode dar origem a uma vida nova, mas pretendem que ela só pode ocorrer por razões individuais. Mas, na realidade, por mais longe que se remonte na história, o fato da associação é o mais obrigatório de todos; pois ele é a fonte de todas as outras obrigações. Como consequência do meu nascimento, estou obrigatoriamente ligado a um determinado povo. Dizem que, mais tarde, uma vez adulto, eu consinto nessa obrigação simplesmente por continuar a viver em meu país. Mas o que importa? Esse consentimento não lhe retira seu caráter imperativo. Uma pressão aceita e suportada de bom grado não deixa de ser uma pressão. Aliás, qual pode ser o alcance de tal adesão? Primeiro, ela é forçada, uma vez que, na grande maioria dos casos, nos é material e moralmente impossível nos despojarmos de nossa nacionalidade; geralmente esse tipo de mudança é até mesmo considerado uma apostasia. Em seguida, ela não pode se referir ao passado que não pôde ser consentido e que, no entanto, determina o presente: eu não quis a educação que recebi; ora, foi ela que, mais do que qualquer outra causa, me fixou no solo natal. Por fim, ela não poderia ter valor moral para o futuro na medida em que este é desconhecido. Nem mesmo conheço todos os deveres que podem me incumbir um dia ou outro em minha qualidade de cidadão; como poderia consentir neles de antemão? Ora, tudo que é obrigatório, como demonstramos, tem sua fonte fora do indivíduo. Enquanto não se sair da história, o fato da associação apresenta o mesmo caráter que os outros e, por conseguinte, se explica da mesma maneira. Por outro lado, como todas as sociedades nasceram de outras sociedades sem solução de continuidade, podemos estar certos de que, no decorrer da evolução social, não houve um momento em que os indivíduos precisassem realmente deliberar para saber se entrariam ou não na vida coletiva, e nesta mais do que naquela. Para que a questão pudesse ser colocada seria preciso remontar até as origens primeiras de toda sociedade.

Mas as soluções, sempre duvidosas, que podem ser dadas a tais problemas, em nenhum caso poderiam afetar o método segundo o qual devem ser tratados os fatos dados na história. Não temos então de discuti-las.

Mas se equivocariam demasiado sobre nosso pensamento se, do que precede, chegassem à conclusão de que a sociologia, para nós, deve ou mesmo pode fazer abstração do homem e de suas faculdades. Está claro, ao contrário, que os caracteres gerais da natureza humana entram no trabalho de elaboração do qual resulta a vida social. Mas não são eles que a suscitam nem quem lhe dão sua forma especial; eles apenas a tornam possível. As representações, as emoções, as tenências coletivas não têm como causas geradoras certos estados da consciência dos indivíduos, mas as condições em que se encontra o conjunto do corpo social. Sem dúvida, elas só podem se realizar se as naturezas individuais não lhes forem refratárias; mas estas não são senão a matéria indeterminada que o fator social determina e transforma. Sua contribuição consiste exclusivamente em estados muito gerais, em predisposições vagas e, portanto, plásticas que, por si mesmas, não poderiam tomar as formas definidas e complexas que caracterizam os fatos sociais, se outros agentes não interviessem.

Que abismo, por exemplo, entre os sentimentos que o homem experimenta diante de forças superiores à sua e a instituição religiosa com suas crenças, suas práticas tão multiplicadas e tão complicadas, sua organização material e moral, entre as condições psíquicas da simpatia que dois seres do mesmo sangue sentem um pelo outro[75] e esse denso conjunto de regras jurídicas e morais que determinam a estrutura da família, as relações das pessoas entre si, das coisas com as pessoas etc.!

Vimos que, mesmo quando a sociedade se reduz a uma multidão inorganizada, os sentimentos coletivos que nela se formam podem não apenas não se assemelhar, como ser opostos à média dos sentimentos individuais. Ainda mais considerável deve ser a diferença quando a pressão sofrida pelo indivíduo é a de uma sociedade regular, em que a ação dos contemporâneos se adiciona à das gerações anteriores e da tradição! Uma explicação puramente psicológica dos fatos sociais não pode, pois, deixar escapar tudo que eles têm de específico, isto é, de social.

O que mascarou aos olhos de tantos sociólogos a insuficiência desse método é que, tomando o efeito pela causa, muitas vezes eles atribuíram como condições determinantes dos fenô-

---

75. Admitindo-se que ela exista antes de qualquer vida social. Sobre esse ponto, cf. ESPINAS. *Sociétés animales*, p. 474.

menos sociais certos estados psíquicos, relativamente definidos e específicos, mas que, de fato, são sua consequência. Por isso se considerou como inato no homem certo sentimento de religiosidade, certo mínimo de ciúme sexual, de piedade filial, de amor paterno etc., e foi por esse caminho que se quis explicar a religião, o casamento, a família. Mas a história mostra que essas inclinações, longe de serem inerentes à natureza humana, ou estão totalmente ausentes em certas circunstâncias sociais, ou, de uma sociedade a outra, apresentam tais variações que o resíduo obtido quando se eliminam todas essas diferenças, e que não pode ser considerado senão como de origem psicológica, se reduz a algo vago e esquemático que deixa a uma distância infinita os fatos que devem ser explicados. Portanto esses sentimentos, longe de serem sua base, resultam da organização coletiva. Não está de forma alguma provado que a tendência à sociabilidade tenha sido, desde a origem, um instinto congênito ao gênero humano. É bem mais natural considerá-lo como um produto da vida social, que lentamente se organizou em nós; pois é um fato de observação que os animais são sociáveis ou não consoante as disposições de seus habitats os obriguem à vida comum ou os afastem dela. E deve-se ainda acrescentar que, mesmo entre essas inclinações mais determinadas e a realidade social, a diferença permanece considerável.

Existe, aliás, um meio de isolar quase por completo o fator psicológico de maneira a poder determinar a extensão de sua ação, ou seja, buscar de que forma a raça afeta a evolução social. Com efeito, os caracteres étnicos são de ordem orgânico-psíquica. A vida social deve, pois, variar quando eles variam, se os fenômenos psicológicos tiverem sobre a sociedade a eficácia causal que lhes atribuem. Ora, não conhecemos nenhum fenômeno social que esteja colocado sob a dependência incontestada da raça. Sem dúvida, não poderíamos atribuir a essa proposição o valor de uma lei; podemos pelo menos afirmá-la como um fato constante de nossa prática. As formas de organização mais diversas se encontram nas sociedades de mesma raça, ao passo que similitudes notáveis se observam entre sociedades de raças diferentes. A cidade existiu tanto entre os fenícios como entre os romanos e os gregos; é encontrada em vias de formação entre os cabílias. A família patriarcal era quase tão desenvolvida entre os judeus quanto entre os hindus, mas não é encontrada entre os eslavos que, no entanto, são de raça ariana. Em contrapartida, o tipo familiar encontrado entre eles também existe entre os árabes. A família materna e o clã se observam em toda parte. O conjunto das provas judiciárias, das cerimônias nupciais é o mesmo nos povos mais dessemelhantes do ponto de vista étnico. Se é assim, é porque o aporte psíquico é demasiado geral para predeterminar o curso dos fenômenos sociais. Uma vez que não implica uma forma social mais do que em outra, ele não pode explicar nenhuma delas. Há, é verdade, certo número de fatos que é comum atribuir à influência da raça. É principalmente desse modo que se explica como o desenvolvimento das letras e das artes foi tão rápido e tão intenso em Atenas, tão lento e tão medíocre em Roma. Mas essa interpretação dos fatos, por ser clássica, nunca foi metodicamente demonstrada; ela parece tirar toda sua autoridade apenas da tradição. Nem ao menos se tentou se seria possível uma explicação sociológica dos mesmos fenômenos, e estamos convencidos de que ela poderia ser feita com sucesso. Em suma, quando se relaciona com tamanha rapidez o caráter artístico da civilização ateniense a faculdades estéticas congênitas, procede-se quase do mesmo modo que na Idade Média quando ela explicava o fogo pelo fologístico e os efeitos do ópio por sua virtude dormitiva.

Por fim, se realmente a evolução social tivesse sua origem na constituição psicológica do homem, não se vê como ela poderia ter se produzido. Pois então seria preciso admitir que ela tem como motor alguma força interior à natureza humana. Mas qual poderia ser essa força? Seria essa espécie de instinto de que fala Comte e que leva o homem a realizar mais e mais sua natureza? Mas isso significa responder à questão com a questão e explicar o progresso por uma tendência inata ao progresso, verdadeira entidade metafísica cuja existência, no mais, nada demonstra; pois as espécies animais, mesmo as mais elevadas, não estão de forma alguma submetidas à necessidade de progredir, e mesmo entre as sociedades humanas existem muitas que se contentariam em permanecer indefinidamente estacionárias. Ou seria, como parece acreditar Spencer, a necessidade de uma felicidade maior, que as formas mais e mais complexas da civilização estariam destinadas a realizar sempre mais completamente? Dever-se-ia então estabelecer que a felicidade aumenta com a civilização, e já expusemos em outra obra todas as dificuldades que essa hipótese[76] levanta. E mais: ainda que um ou outro desses dois postulados fosse admitido, nem assim o desenvolvimento histórico teria se tornado inteligível, pois a explicação resultante seria puramente finalista e mostramos mais acima que os fatos sociais, assim como todos os fenômenos naturais, não são explicados apenas porque se mostrou que eles servem a algum fim. Quando então se provou que as organizações sociais cada vez mais complexas que se sucederam ao longo da história tiveram como efeito uma satisfação sempre maior desta ou daquela de nossas inclinações fundamentais, nem assim tornou-se compreensível como elas se produziram. O fato de que eram úteis não nos revela o que as fez existir. Mesmo que se explicasse como chegamos a imaginá-las, a fazer delas uma espécie de plano antecipado a fim de nos representar os serviços que delas poderíamos esperar – e o problema já é difícil – os desejos dos quais podiam ser assim o objeto não tinham a virtude de tirá-las do nada. Em suma, admitindo-se que elas são os meios necessários para alcançar o objetivo perseguido, a questão continua em aberto: Como, isto é, de que e de que modo esses meios foram constituídos?

Chegamos assim à seguinte regra: *A causa determinante de um fato social deve ser buscada entre os fatos sociais antecedentes, e não entre os estados da consciência individual.* Por outro lado, é fácil ver que tudo que precede se aplica à determinação da função, bem como à da causa. A função de um fato social só pode ser social, isto é, ela consiste na produção de efeitos socialmente úteis. Sem dúvida, pode ocorrer, e de fato ocorre, que, indiretamente, ele também sirva ao indivíduo. Mas esse bom resultado não é sua razão de ser imediata. Podemos, portanto, completar a proposição precedente dizendo: *A função de um fato social deve sempre ser buscada na relação que ele mantém com algum fim social.*

---

76. *Division du travail social*, I, II, cap. I.

Foi porque os sociólogos muitas vezes menosprezaram essa regra e consideraram os fenômenos sociais de um ponto de vista demasiado psicológico que suas teorias parecem a vários pensadores demasiado vagas, demasiado incertas, demasiado distantes da natureza especial das coisas que eles acreditam explicar. O historiador, sobretudo, que vive na intimidade da realidade social, não pode deixar de ter a forte impressão do quanto essas interpretações genéricas demais são incapazes de reunir os fatos; e isso, sem dúvida, produziu, em parte, a desconfiança que a história tem testemunhado muitas vezes à sociologia. Não significa dizer, certamente, que o estudo dos fatos psíquicos não seja indispensável ao sociólogo. Embora a vida coletiva não derive da vida individual, ambas estão estreitamente relacionadas; embora a segunda não possa explicar a primeira, ela pode, ao menos, facilitar sua explicação. Primeiro, como já mostramos, é incontestável que os fatos sociais são produzidos por uma elaboração *sui generis* de fatos psíquicos. Mas, além disso, essa mesma elaboração não deixa de ter analogias com aquela que se produz em cada consciência individual e que transforma progressivamente os elementos primários (sensações, reflexos, instintos) de que é originalmente constituída. Não por acaso se pôde dizer do eu que ele mesmo era uma sociedade, da mesma forma que o organismo, ainda que de outra maneira, e faz tempo que os psicólogos mostraram a grande importância do fator associação para a explicação da vida do espírito. Para o sociólogo, portanto, uma cultura psicológica, mais ainda do que uma cultura biológica, constitui uma propedêutica necessária; mas ela só lhe será útil se dela se libertar depois de tê-la recebido e se a superar completando-a com uma cultura especificamente sociológica. É preciso que, de alguma forma, ele renuncie a fazer da psicologia o centro de suas operações, o ponto de onde devem partir e para onde devem reconduzi-lo as incursões que ele arrisca no mundo social, e que se estabeleça no centro mesmo dos fatos sociais, para observá-los de frente e sem intermediário, não pedindo à ciência do indivíduo senão uma preparação geral e, se necessário, úteis sugestões[77].

---

77. Os fenômenos psíquicos só podem ter consequências sociais quando estão tão intimamente unidos a fenômenos sociais que a ação de ambos se confunde

III

Uma vez que os fatos de morfologia social são da mesma natureza que os fenômenos fisiológicos, eles devem ser explicados segundo essa mesma regra que acabamos de enunciar. Todavia, resulta de tudo o que precede que eles desempenham um papel preponderante na vida coletiva e, portanto, nas explicações sociológicas.

Com efeito, se a condição determinante dos fenômenos sociais consiste, como já mostramos, no próprio fato da associação, eles devem variar com as formas dessa associação, isto é, segundo as maneiras como são agrupadas as partes constituintes da sociedade. Uma vez que, por outro lado, o conjunto determinado, formado pela reunião dos elementos de qualquer natureza que entram na composição de uma sociedade, constitui o meio interno desta última, assim como o conjunto dos elementos anatômicos, mais a maneira como estão dispostos no espaço, constitui o meio interno dos organismos, poderemos dizer: *A origem primeira de todo processo social de alguma importância deve ser buscada na constituição do meio social interno.*

É até possível ser ainda mais preciso. Com efeito, os elementos que compõem esse meio são de dois tipos: existem as coisas e as pessoas. Entre as coisas é preciso incluir, além dos objetos materiais que são incorporados à sociedade, os produtos da atividade social anterior, o direito constituído, os costumes estabelecidos, os monumentos literários, artísticos etc. Mas está claro que não é nem de uns nem de outros que pode vir o impul-

---

necessariamente. É o caso de certos fatos sociopsíquicos. Assim, um funcionário é uma força social, mas é ao mesmo tempo um indivíduo. O resultado é que ele pode se servir da energia social que detém, em um sentido determinado por sua natureza individual, e, por isso, ele pode ter uma influência sobre a constituição da sociedade. É o que acontece aos homens de Estado e, mais geralmente, aos homens de gênio. Estes, mesmo quando não cumprem uma função social, extraem dos sentimentos coletivos de que são objeto uma autoridade que também é uma força social, e que podem, em certa medida, pôr ao serviço de ideias pessoais. Mas vê-se que esses casos se devem a acidentes individuais e, por conseguinte, não poderiam afetar os traços constitutivos da espécie social, que não é senão objeto de ciência. A restrição ao princípio enunciado mais acima não é, portanto, de grande importância para o sociólogo.

so que determina as transformações sociais, pois eles não contêm nenhuma potência motora. Decerto, devem ser levados em conta nas explicações que tentarmos. Eles têm, com efeito, um certo peso na evolução social cuja velocidade e a própria direção variam de acordo com o que eles são, mas não têm nada do que é necessário para colocá-la em marcha. São a matéria à qual se aplicam as forças vivas da sociedade, mas não emanam por si mesmos nenhuma força viva. Resta, portanto, como fator ativo, o meio propriamente humano.

O esforço principal do sociólogo consistirá, portanto, em descobrir as diferentes propriedades desse meio que podem exercer uma ação sobre o curso dos fenômenos sociais. Até agora, encontramos duas séries de caracteres que correspondem de uma maneira eminente a essa condição: o número das unidades sociais ou, como também dissemos, o volume da sociedade e o grau de concentração da massa, ou o que chamamos a densidade dinâmica. Por esta última palavra deve-se entender não o estreitamento puramente material do agregado que não pode ter efeito se os indivíduos, ou melhor, os grupos de indivíduos permanecerem separados por vazios morais, mas o estreitamento moral cujo precedente não é senão auxiliar e, com bastante frequência, a consequência. A densidade dinâmica pode ser definida, em volume igual, em função do número dos indivíduos que mantêm efetivamente relações não só comerciais, mas morais; isto é, que não só trocam serviços ou se fazem concorrência, mas vivem uma vida em comum. Pois, como as relações puramente econômicas não aproximam os homens uns dos outros, algumas delas podem ser até frequentes sem, no entanto, participarem da mesma existência coletiva. Os negócios concluídos desconsiderando as fronteiras que separam os povos não fazem com que essas fronteiras não existam. Ora, a vida comum só pode ser afetada pelo número daqueles que nela colaboram eficazmente. Por isso o que melhor expressa a densidade dinâmica de um povo é o grau de coalescência dos segmentos sociais. Pois se cada agregado parcial forma um todo, uma individualidade distinta, separada das outras por uma barreira, é porque a ação de seus membros, em geral, ali permanece localizada; se, ao contrário, essas sociedades parciais estão todas confundidas no seio da sociedade total ou tendem a nela se confundir, é porque, na mesma medida, o círculo da vida social se expandiu.

Quanto à densidade material – se, ao menos, por ela se entende não somente o número dos habitantes por unidade de superfície, mas o desenvolvimento das vias de comunicação e de transmissão – ela *normalmente* caminha no mesmo ritmo que a densidade dinâmica e, em geral, pode servir para medi-la. Pois, se as diferentes partes da população tendem a se aproximar, é inevitável que elas abram caminhos que permitam essa aproximação, e, por outro lado, as relações só podem se estabelecer entre pontos distantes da massa social se essa distância não for um obstáculo, ou seja, se for de fato suprimida. Contudo há exceções[78], e nos exporíamos a sérios erros se julgássemos sempre a concentração moral de uma sociedade segundo o grau de concentração material que ela apresenta. As estradas, as linhas férreas etc., podem servir mais ao movimento dos negócios do que à fusão das populações, que elas apenas expressam muito imperfeitamente. É o caso da Inglaterra cuja densidade material é superior à da França, e onde, no entanto, a coalescência dos segmentos é muito menos avançada, como comprova a persistência do espírito local e da vida regional.

Mostramos em outra obra como todo aumento no volume e na densidade dinâmica das sociedades, ao tornar a vida social mais intensa, ao expandir o horizonte que cada indivíduo abarca com seu pensamento e preenche com sua ação, modifica profundamente as condições fundamentais da existência coletiva. Não precisamos retomar a aplicação que então fizemos desse princípio. Acrescentemos apenas que ele nos serviu para abordar não apenas a questão ainda bastante genérica que era objeto desse estudo, mas também muitos outros problemas mais específicos, e que conseguimos verificar assim sua exatidão por um número já respeitável de experiências. Todavia, acreditamos que ainda

---

78. Em nossa *Division du travail* erramos ao destacar a densidade material como a expressão exata da densidade dinâmica. Todavia, a substituição da primeira pela segunda é absolutamente legítima para tudo o que se refere aos efeitos econômicos desta, p. ex., a divisão do trabalho como fato puramente econômico.

não encontramos todas as particularidades do meio social que podem desempenhar um papel na explicação dos fatos sociais. Tudo o que podemos dizer é que são as únicas que percebemos e que não fomos levados a buscar outras.

Mas essa espécie de preponderância que atribuímos ao meio social e, mais particularmente, ao meio humano, não implica a necessidade de ver nele uma espécie de fato último e absoluto para além do qual não convém remontar. Pelo contrário, é evidente que o próprio estado em que ele se encontra a cada momento da história depende de causas sociais, algumas das quais são inerentes à própria sociedade, ao passo que outras se devem às ações e às reações que se trocam entre essa sociedade e suas vizinhas. Aliás, a ciência não conhece causas primárias, no sentido absoluto da palavra. Para ela, um fato é primário simplesmente quando ele é bastante geral para explicar um grande número de outros fatos. Ora, o meio social é certamente um fator desse gênero, pois as mudanças que nele se produzem, quaisquer que sejam suas causas, repercutem em todas as direções do organismo social e não podem deixar de afetar mais ou menos todas as suas funções.

O que acabamos de dizer sobre o meio geral da sociedade também é válido para os meios específicos a cada um dos grupos particulares que ela contém. Por exemplo, consoante a família for mais ou menos numerosa, mais ou menos fechada sobre si mesma, a vida doméstica será bem diferente. Do mesmo modo, se as corporações profissionais se recompõem de maneira a que cada uma delas se ramifique sobre toda a extensão do território em vez de permanecer restrita, como outrora, aos limites de uma cidade, a ação exercida será muito diferente daquela que exerceram em outros tempos. De forma geral, a vida profissional será bem diferente consoante o meio próprio a cada profissão for fortemente constituído ou consoante sua trama for frouxa, como ela é hoje em dia. Todavia, a ação desses meios particulares não poderia ter a importância do meio geral, pois eles mesmos estão submetidos à influência deste último. É sempre a ele que é preciso retornar. É a pressão exercida por ele sobre esses grupos parciais que faz variar a constituição deles.

Essa concepção do meio social como fator determinante da evolução coletiva é da maior importância. Pois, se a rejeitarmos, a sociologia se encontrará na impossibilidade de estabelecer qualquer relação de causalidade.

Com efeito, uma vez afastada essa ordem de causas, não há condições concomitantes das quais possam depender os fenômenos sociais; pois se o meio social externo, isto é, aquele formado pelas sociedades circundantes, for capaz de ter alguma ação, será somente sobre as funções que têm por objeto o ataque e a defesa e, ademais, sua influência só poderá ser sentida por intermédio do meio social interno. As principais causas do desenvolvimento histórico não se encontrariam, portanto, entre as circunfusa; estariam todas elas no passado. Elas próprias fariam parte desse desenvolvimento, do qual constituiriam simplesmente fases mais antigas. Os acontecimentos atuais da vida social derivariam não do estado atual da sociedade, mas dos acontecimentos anteriores, dos precedentes históricos, e as explicações sociológicas consistiriam exclusivamente em ligar o presente ao passado.

É verdade que isso pode parecer suficiente. Não é comum dizer que o objeto da história é justamente encadear os eventos de acordo com sua ordem de sucessão? Mas é impossível conceber como o estado ao qual a civilização chegou em um dado momento poderia ser a causa determinante do estado seguinte. As etapas sucessivamente percorridas pela humanidade não se engendram umas às outras. Compreende-se bem que os progressos realizados em uma época determinada na ordem jurídica, econômica, política etc., tornem possíveis novos progressos, mas em que eles os predeterminam? São um ponto de partida que permite ir mais adiante; mas o que nos incita a ir mais adiante? Seria então preciso admitir uma tendência interna que estimula a humanidade a ultrapassar constantemente os resultados adquiridos, quer para se realizar completamente, quer para aumentar sua felicidade, e o objeto da sociologia seria identificar a ordem segundo a qual essa tendência se desenvolveu. Mas, sem voltar às dificuldades que, de todo modo, tal hipótese implica, a lei que expressa esse desenvolvimento nada poderia ter de causal. Uma relação de causalidade, com efeito, só pode ser estabelecida entre dois fatos dados; mas essa tendência, que deveria ser a causa desse desenvolvimento, não está dada; ela não é senão postulada e construída pelo espírito de acordo com os efeitos que lhe atribuem. É uma espécie de faculdade motora que imaginamos sob o movimento, para explicá-lo; mas a causa eficiente de um movimento não pode ser senão um outro movimento, não uma virtualidade desse gênero. Portanto, tudo o que alcançamos experimentalmente neste caso é uma sequência de mudanças entre as quais não existe elo causal. O estado antecedente não produz o consequente, mas a relação entre eles é exclusivamente cronológica. Por isso, nessas condições, qualquer previsão científica é impossível. Podemos muito bem dizer como as coisas se sucederam até o presente, não em que ordem se sucederão doravante, porque a causa de que supostamente dependem não é cientificamente determinada, nem determinável. Em geral, é verdade, admite-se que a evolução prosseguirá na mesma direção do que no passado, mas é devido a um simples postulado. Nada nos garante que os fatos realizados expressem de forma bastante completa a natureza dessa tendência para que se possa prejulgar o termo a que ela aspira a partir daqueles pelos quais ela passou sucessivamente. Por que a direção que ela segue e que ela imprime seria, afinal, retilínea?

Eis por que, de fato, o número das relações causais, estabelecidas pelos sociólogos, acaba sendo tão restrito. Com poucas exceções, das quais Montesquieu é o mais ilustre exemplo, a antiga filosofia da história dedicou-se unicamente a descobrir o sentido geral em que se orienta a humanidade, sem buscar ligar as fases dessa evolução a qualquer condição concomitante. Por maiores que tenham sido os serviços prestados por Comte à filosofia social, os termos em que coloca o problema sociológico não diferem dos precedentes. Por isso, sua famosa lei dos três estados nada tem de uma relação de causalidade; ainda que fosse exata, ela é e só pode ser empírica. É um olhar superficial para a história passada do gênero humano. É de forma completamente arbitrária que Comte considera o terceiro estado como o estado definitivo da humanidade.

Quem nos garante que não surgirá outro no futuro? Por fim, a lei que domina a sociologia de Spencer não parece ser de outra natureza. Ainda que fosse verdade que tendemos atualmente a buscar nossa felicidade em uma civilização industrial, nada garante que, em seguida, não a busquemos em outro lugar. Ora, o que faz a generalidade e a persistência desse método é que com muita frequência o meio social foi visto como um meio pelo qual o progresso se realiza, não a causa que o determina.

Por outro lado, é igualmente em relação a esse mesmo meio que se deve medir o valor útil ou, como dissemos, a função dos fenômenos sociais. Entre as mudanças de que é a causa, servem aquelas que estão em relação com o estado no qual ele se encontra, já que é a condição essencial da existência coletiva. Ainda desse ponto de vista, a concepção que acabamos de expor é, acreditamos, fundamental; pois somente ela permite explicar como o caráter útil dos fenômenos sociais pode variar sem, no entanto, depender de arranjos arbitrários. Se, com efeito, a evolução histórica é representada como movida por uma espécie de *vis a tergo* que faz os homens avançarem, uma vez que uma tendência motora não pode ter senão um objetivo e apenas um, só pode haver um ponto de referência em relação ao qual se calcula a utilidade ou a nocividade dos fenômenos sociais. O resultado é que só existe e só pode existir um único tipo de organização social que convenha perfeitamente à humanidade, e que as diferentes sociedades históricas não são senão aproximações sucessivas desse modelo único. Não é necessário mostrar o quanto esse tipo de simplismo é hoje inconciliável com a variedade e a complexidade reconhecidas das formas sociais. Se, pelo contrário, a conveniência ou a desconveniência das instituições só puder ser estabelecida em relação a um meio dado, como esses meios são diversos, haverá então uma diversidade de pontos de referência e, portanto, de tipos que, mesmo qualitativamente distintos uns dos outros, estão igualmente fundados na natureza dos meios sociais.

A questão que acabamos de abordar está, pois, estreitamente ligada àquela que se refere à constituição dos tipos sociais. Se existem espécies sociais é porque a vida coletiva depende sobretudo de condições concomitantes que apresentam uma certa diversidade. Se, pelo contrário, as principais causas dos acontecimentos sociais estivessem todas no passado, cada povo não seria mais do que o prolongamento daquele que o precedeu e as diferentes sociedades perderiam sua individualidade para se tornarem apenas momentos diversos de um único e mesmo desenvolvimento. Uma vez que, por outro lado, a constituição do meio social resulta do modo de composição dos agregados sociais, além dessas duas expressões serem, no fundo, sinônimas, agora temos a prova de que não há caracteres mais essenciais do que aqueles que atribuímos como base para a classificação sociológica.

Por fim, deve-se compreender agora, melhor do que antes, quão injusto seria se apoiar em palavras como condições externas e meio para acusar nosso método e buscar as fontes da vida fora do ser vivo. Pelo contrário, as considerações que acabamos de ler se resumem na ideia de que as causas dos fenômenos sociais são internas à sociedade. Ao invés disso, é a teoria que faz derivar a sociedade do indivíduo que se poderia justamente recriminar por tentar tirar o interior do exterior, uma vez que ela explica o ser social por algo diferente que não ele mesmo, e o mais do menos, uma vez que ela pretende deduzir o todo da parte. Os princípios que precedem menosprezam tão pouco o caráter espontâneo de todo ser vivo que, se aplicados à biologia e à psicologia, será necessário admitir que a vida individual também é inteiramente elaborada no interior do indivíduo.

IV

Do grupo de regras que acabam de ser estabelecidas emerge uma certa concepção da sociedade e da vida coletiva.

Duas teorias contrárias dividem, sobre esse ponto, os filósofos.

Para uns, como Hobbes e Rousseau, há solução de continuidade entre o indivíduo e a sociedade. O homem é, portanto, naturalmente refratário à vida comum, só forçado consegue se resignar a ela. Os fins sociais não são simplesmente o ponto de encontro dos fins individuais; de preferência são contrários a eles. Por isso, para levar o indivíduo a persegui-los, é necessário exercer sobre ele uma coerção, e é na instituição e na organização dessa coerção que consiste, por excelência, a obra social. Mas como o indivíduo é visto como a única realidade do reino humano, essa organização, que tem como objeto contrariá-lo e contê-lo, só pode ser concebida como artificial. Ela não está fundada na natureza, uma vez que se destina a tratá-lo com violência, impedindo-o de produzir suas consequências antissociais. É uma obra de arte, uma máquina construída inteiramente pela mão dos homens e que, como todos os produtos desse gênero, só é o que é porque os homens assim a quiseram; um decreto da vontade a criou, um outro decreto pode transformá-la. Nem Hobbes nem Rousseau parecem ter percebido tudo o que há de contraditório em admitir que o próprio indivíduo seja o autor de uma máquina que tem como papel essencial dominá-lo e constrangê-lo, ou pelo menos pareceu-lhes que, para eliminar essa contradição, bastava dissimulá-la aos olhos daqueles que são suas vítimas pelo engenhoso artifício do pacto social.

Foi na ideia contrária que se inspiraram tanto os teóricos do direito natural quanto os economistas e, mais recentemente, Spencer[79]. Para eles, a vida social é essencialmente espontânea e a sociedade uma coisa natural. Mas se lhe conferem esse caráter não é porque nela reconheçam uma natureza específica; é porque encontram na natureza do indivíduo uma base para ela. Não mais que os pensadores mencionados, eles não veem nela um sistema de coisas que exista por si só, em virtude de causas que lhe são específicas. Mas, enquanto aqueles não a concebiam senão como um arranjo convencional que nenhum vínculo liga à realidade e que paira no ar, por assim dizer, eles lhes dão por base os instintos fundamentais do coração humano. O homem é naturalmente inclinado à vida política, doméstica, religiosa, às trocas etc., e é desses pendores naturais que deriva a organização social. Por conseguinte, onde quer que seja normal, ela não precisa se impor. Quando recorre à coerção é porque ela não é o que deve ser ou porque as circunstâncias são anormais. Em princípio, basta deixar as forças individuais se desenvolverem em liberdade para que elas se organizem socialmente.

---

79. A posição de Comte sobre esse tema é de um ecletismo bastante ambíguo.

Nem uma nem outra dessas doutrinas é a nossa.

Sem dúvida, fazemos da coerção a característica de todo fato social. Essa coerção, no entanto, não resulta de um maquinário mais ou menos engenhoso, destinado a mascarar aos homens as armadilhas nas quais eles mesmos caíram. Ela simplesmente se deve ao fato de o indivíduo se encontrar na presença de uma força que o domina e perante a qual se inclina; mas essa força é natural. Não deriva de um arranjo convencional que a vontade humana adicionou do zero ao real; surge das próprias entranhas da realidade; é o produto necessário de causas dadas. Por isso, para levar o indivíduo a se submeter a ela de bom grado, não é necessário recorrer a nenhum artifício; basta dar-lhe consciência de seu estado de dependência e de inferioridade naturais – quer pela religião ele faça uma representação sensível e simbólica desse estado, quer pela ciência consiga formar uma noção adequada e definida sobre ele. Como a superioridade que a sociedade tem sobre ele não é simplesmente física, mas intelectual e moral, ela nada tem a temer do livre-exame, contanto que dele se faça um justo emprego. A reflexão, ao fazer o homem compreender o quanto o ser social é mais rico, mais complexo e mais duradouro do que o ser individual, só pode lhe revelar as razões inteligíveis da subordinação que dele se exige e dos sentimentos de apego e de respeito que o hábito fixou em seu coração[80].

Apenas uma crítica singularmente superficial poderia, portanto, atribuir à nossa concepção da coerção social a reedição das teorias de Hobbes e de Maquiavel. Mas se, ao contrário desses filósofos, dizemos que a vida social é natural, não é porque encontramos sua fonte na natureza do indivíduo; é porque ela deriva diretamente do ser coletivo, que, por si só, é uma natureza *sui generis*; é porque ela resulta dessa elaboração especial à qual estão submetidas as consciências particulares em razão de sua associação e da qual emerge uma nova forma de

---

80. Eis por que toda coerção não é normal. Somente merece esse nome aquela que corresponde a alguma superioridade social, i. é, intelectual ou moral, mas aquela que um indivíduo exerce sobre o outro porque é mais forte ou mais rico, sobretudo se essa riqueza não expressa seu valor social, é anormal e só pode ser mantida pela violência.

existência[81]. Se então reconhecemos, com uns, que ela se apresenta ao indivíduo sob o aspecto da coerção, admitimos, com os outros, que ela é um produto espontâneo da realidade; e o que liga logicamente esses dois elementos, aparentemente contraditórios, é que essa realidade da qual ela emana ultrapassa o indivíduo. Significa dizer que as palavras coerção e espontaneidade não têm em nossa terminologia o sentido dado por Hobbes à primeira e por Spencer à segunda.

Em suma, à maioria das tentativas que foram feitas para explicar racionalmente os fatos sociais puderam objetar ou que elas faziam esvanecer toda ideia de disciplina social, ou que não conseguiam mantê-la senão com a ajuda de subterfúgios enganosos. As regras que acabamos de expor permitiriam, pelo contrário, fazer uma sociologia que visse no espírito de disciplina a condição essencial de toda vida em comum, mesmo fundando-o na razão e na verdade.

---

81. Nossa teoria é até mais contrária à de Hobbes do que a do direito natural. Com efeito, para os partidários desta última doutrina, a vida coletiva só é natural na medida em que pode ser deduzida da natureza individual. Ora, apenas as formas mais gerais da organização social podem, a rigor, ser derivadas dessa origem. Quanto ao detalhe, ele está por demais distante da extrema generalidade das propriedades psíquicas para que possa ser ligado a elas; ele parece, portanto, aos discípulos dessa escola, tão artificial quanto para seus adversários. Para nós, pelo contrário, tudo é natural, mesmo os arranjos mais específicos, pois tudo está fundado na natureza da sociedade.

Capítulo VI
Regras relativas à administração da prova

I

Não temos senão um meio de demonstrar que um fenômeno é causa de outro, é comparar os casos em que eles estão simultaneamente presentes ou ausentes e buscar se as variações que apresentam nessas diferentes combinações de circunstâncias atestam que um depende do outro. Quando eles podem ser artificialmente produzidos segundo o observador, o método é a experimentação propriamente dita. Quando, ao contrário, a produção dos fatos não está à nossa disposição e apenas podemos aproximá-los tais como se produziram espontaneamente, o método empregado é o da experimentação indireta ou método comparativo.

Vimos que a explicação sociológica consiste exclusivamente em estabelecer relações de causalidade, quer se trate de ligar um fenômeno à sua causa ou, ao contrário, uma causa aos seus efeitos úteis. Por outro lado, uma vez que os fenômenos sociais escapam evidentemente à ação do operador, o método comparativo é o único que convém à sociologia; Comte, é verdade, não o julgou suficiente; achou necessário completá-lo pelo que ele chama o método histórico, mas a causa para isso está em sua concepção particular das leis sociológicas. Segundo ele, estas devem principalmente expressar não relações definidas de causalidade, mas o sentido em que se dirige a evolução humana em geral; elas não podem, portanto, ser descobertas com a ajuda de comparações, pois para poder comparar as diferentes formas tomadas por um fenômeno social nos diferentes povos é preciso tê-lo separado das séries temporais a que pertence. Ora, se começarmos por fragmentar assim o desenvolvimento humano, colocamo-nos na impossibilidade de reencontrar sua sequência. Para obtê-la, não é com análises, mas com largas sínteses que convém proceder. O necessário é aproximar uns dos outros e reunir em uma mesma intuição, por assim dizer, os estados sucessivos da humanidade de maneira a perceber "o crescimento contínuo de cada disposição física, intelectual, moral e política"[82]. Tal é a razão de ser desse método que Comte chama histórico e que, portanto, é desprovido de qualquer objeto assim que se rejeitou a concepção fundamental da sociologia de Comte.

É verdade que Mill declara a experimentação, mesmo indireta, inaplicável à sociologia. Mas o que já basta para retirar de sua argumentação uma grande parte de sua autoridade é que ele a aplicava também aos fenômenos biológicos, e até aos fatos físico-químicos mais complexos[83]; ora, hoje não é mais preciso demonstrar que a química e a biologia não podem ser senão ciências experimentais. Portanto, não há razão para que suas críticas sejam mais bem-fundamentadas em relação à sociologia, pois os fenômenos sociais só se distinguem dos precedentes por uma maior complexidade. Essa diferença pode muito bem implicar que o emprego do raciocínio experimental em sociologia ofereça ainda mais dificuldades do que em outras ciências, mas não se vê por que ele seria radicalmente impossível.

No mais, toda essa teoria de Mill baseia-se em um postulado que, sem dúvida, está ligado aos princípios fundamentais de sua lógica, mas que está em contradição com todos os resultados da ciência. Ele admite, com efeito, que um mesmo consequente nem sempre resulta de um mesmo antecedente, mas pode ser devido ora a uma causa ora a outra. Essa concepção do vínculo causal, retirando-lhe qualquer determinação, torna-o praticamente inacessível à análise científica; pois ele introduz uma tal complicação no entrelaçamento das causas e dos efeitos que o espírito nele se perde para sempre. Se um efeito pode derivar de causas diferentes, para saber o que o determina em um conjunto de circunstâncias dadas seria preciso que a experiência fosse

---

82. *Cours de philosophie positive*, IV, p. 328.
83. *Système de logique*, II, p. 478.

feita em condições de isolamento praticamente irrealizáveis, sobretudo em sociologia.

Mas esse pretenso axioma da pluralidade das causas é uma negação do princípio de causalidade. Sem dúvida, se acreditarmos, como Mill, que a causa e o efeito são absolutamente heterogêneos, que entre eles não há nenhuma relação lógica, não há nada de contraditório em admitir que um efeito possa vir ora de uma causa e ora de outra. Se a relação que une C a A é puramente cronológica, ela não exclui uma outra relação do mesmo gênero que uniria C a B, por exemplo. Mas se, ao contrário, o vínculo causal tem algo de inteligível, ele não poderia ser indeterminado a esse ponto. Se ele consiste em uma relação que resulta da natureza das coisas, um mesmo efeito só pode sustentar essa relação com uma única causa, pois só pode expressar uma única natureza. Ora, os filósofos são os únicos que duvidaram da inteligibilidade da relação causal. Para o erudito, essa questão não existe; ela é suposta pelo método da ciência. Como explicar de outra forma tanto o importante papel da dedução no raciocínio experimental quanto o princípio fundamental da proporcionalidade entre a causa e o efeito? Quanto aos casos citados e nos quais se pretende observar uma pluralidade de causas, para que fossem demonstrativos seria necessário o prévio estabelecimento ou de que essa pluralidade não é simplesmente aparente, ou de que a unidade exterior do efeito não recobre uma real pluralidade. Quantas vezes aconteceu de a ciência reduzir à unidade causas cuja diversidade, à primeira vista, parecia irredutível! O próprio Stuart Mill oferece um exemplo ao lembrar que, segundo as teorias modernas, a produção do calor pelo atrito, pela percussão, pela ação química etc., deriva de uma única e mesma causa. Ao contrário, quando se trata do efeito, o erudito distingue com frequência o que o homem comum confunde. Para o senso comum, a palavra febre designa uma única e mesma entidade mórbida; para a ciência, há uma variedade de febres especificamente diferentes e a pluralidade das causas está em relação com a dos efeitos; e se entre todas essas espécies nosológicas há, no entanto, algo em comum, é porque essas causas, igualmente, se confundem por certos de seus caracteres.

É tanto mais importante exorcizar esse princípio da sociologia porque muitos sociólogos ainda sofrem sua influência, e isso mesmo não se opondo ao uso do método comparativo. Assim, é comum dizer que o crime pode ser igualmente produzido pelas mais diferentes causas; que o mesmo ocorre com o suicídio, com a pena etc. Ao praticar o raciocínio experimental com esse espírito, ainda que se reúna um número considerável de fatos, jamais se poderão obter leis precisas, relações determinadas de causalidades. Poder-se-á apenas atribuir vagamente um consequente mal definido a um grupo confuso e indefinido de antecedentes. Se se quiser então empregar o método comparativo de uma maneira científica, isto é, conformando-se ao princípio de causalidade assim como ele emerge da própria ciência, será preciso tomar por base das comparações que instituírem a seguinte proposição: *A um mesmo efeito sempre corresponde uma mesma causa*. Assim, para retomar os exemplos citados mais acima, se o suicídio depende de mais de uma causa é porque, na realidade, há várias espécies de suicídios. O mesmo vale para o crime. Para a pena, ao contrário, se se acreditou que ela também se explicava por causas diferentes, é porque não se percebeu o elemento comum que se encontra em todos esses antecedentes e em virtude do qual eles produzem seu efeito comum[84].

II

Todavia, se os diversos procedimentos do método comparativo não são inaplicáveis à sociologia, nem todos têm para ela uma força igualmente demonstrativa.

O método dito dos resíduos, supondo que ele constitua uma forma de raciocínio experimental, não tem, por assim dizer, qualquer uso no estudo dos fenômenos sociais. Além de não poder servir senão às ciências bastante avançadas, uma vez que supõe o conhecimento de um número importante de leis, os fenômenos sociais são demasiado complexos para que, em um caso dado, se possa exatamente suprimir o efeito de todas as causas menos uma.

---

84. *Division du travail social*, p. 87.

A mesma razão torna dificilmente utilizáveis tanto o método de concordância quanto o de diferença. Eles supõem, com efeito, que os casos comparados ou concordem em um único ponto ou difiram por um único. Sem dúvida, não existe ciência que tenha sido capaz de instituir experiências em que o caráter rigorosamente único de uma concordância ou de uma diferença fosse estabelecido de uma maneira irrefutável. Nunca se tem certeza de não ter deixado escapar algum antecedente que concorda ou que difere como o consequente, ao mesmo tempo e da mesma maneira que o único antecedente conhecido. Contudo, embora a eliminação absoluta de todo elemento adventício seja um limite ideal que não pode ser realmente alcançado, de fato, as ciências físico-químicas e mesmo as ciências biológicas aproximam-se bastante dele para que, em um grande número de casos, a demonstração possa ser vista como praticamente suficiente. Mas o mesmo não ocorre em sociologia em razão da excessiva complexidade dos fenômenos, além da impossibilidade de toda experiência artificial. Como não se poderia fazer um inventário, ainda que mais ou menos completo, de todos os fatos que coexistem no seio de uma mesma sociedade ou que se sucederam no decorrer da história, nunca se pode ter certeza, mesmo de uma maneira aproximada, de que dois povos concordam ou diferem sob todos os ângulos, exceto um. As chances de deixar um fenômeno escapar são muito maiores do que as de não negligenciar nenhum. Portanto, tal método de demonstração só pode dar origem a conjecturas que, reduzidas a elas mesmas, são quase destituídas de qualquer caráter científico.

Mas em relação ao método das variações concomitantes as coisas são bem diferentes. Com efeito, para que ele seja demonstrativo, não é necessário que todas as variações diferentes daquelas que são comparadas tenham sido rigorosamente excluídas. O simples paralelismo dos valores pelos quais passam os dois fenômenos, desde que tenha sido estabelecido em um número suficiente de casos suficientemente variados, é a prova de que existe entre eles uma relação. Esse método deve esse privilégio ao fato de alcançar a relação causal, não a partir de fora como os precedentes, mas a partir de dentro. Ele não nos mostra simplesmente dois fatos que se acompanham ou que se excluem exteriormente[85], de forma que nada prova diretamente que estejam unidos por um vínculo interno; ao contrário, ele nos mostra que participam um do outro e de uma maneira contínua, pelo menos em relação à sua quantidade. Ora, essa participação, por si só, basta para demonstrar que não são estranhos um ao outro. A maneira como um fenômeno se desenvolve expressa sua natureza; para que dois desenvolvimentos se correspondam é preciso que também haja uma correspondência nas naturezas que eles manifestam. A concomitância constante é, portanto, por si só, uma lei, qualquer que seja o estado dos fenômenos que ficaram fora da comparação. Por isso, para infirmá-la, não basta mostrar que ela é posta em xeque por algumas aplicações particulares do método de concordância ou de diferença, o que significaria atribuir a esse tipo de provas uma autoridade que ele não pode ter em sociologia. Quando dois fenômenos variam regularmente tanto um como o outro é preciso manter essa relação mesmo quando, em certos casos, um desses fenômenos se apresentasse sem o outro. Pois é possível ou que a causa tenha sido impedida de produzir seu efeito pela ação de alguma causa contrária, ou então que esteja presente, mas sob uma forma diferente daquela anteriormente observada. Sem dúvida, convém observar, como se diz, os fatos mais uma vez, mas não abandonar de imediato os resultados de uma demonstração regularmente feita.

É certo que as leis estabelecidas por esse procedimento nem sempre se apresentam de pronto sob a forma de relações de causalidade. A concomitância talvez se deva não ao fato de um dos fenômenos ser a causa do outro, mas ao de ambos serem efeitos de uma mesma causa, ou ainda ao de existir entre eles um terceiro fenômeno, intercalado, mas desapercebido, que é o efeito do primeiro e a causa do segundo. Os resultados aos quais esse método conduz precisam, portanto, ser interpretados. Mas qual é o método experimental que permite obter mecanicamente uma relação de causalidade sem que os fatos que ele estabelece precisem ser elaborados pelo espírito? O mais importante é que essa elaboração seja metodicamente conduzida, e eis como isso po-

---

85. No caso do método de diferença, a ausência da causa exclui a presença do efeito.

derá ser feito. Primeiro, buscar, com a ajuda da dedução, como um dos dois termos pôde produzir o outro; depois, empenhar-se em verificar o resultado dessa dedução com a ajuda de experiências, isto é, de novas comparações. Se a dedução for possível e se a verificação for bem-sucedida, a prova poderá ser considerada como feita. Se, pelo contrário, não se perceber entre esses fatos nenhum vínculo direto, sobretudo se a hipótese de tal vínculo contradiz leis já demonstradas, partir em busca de um terceiro fenômeno do qual dependam igualmente os dois outros ou que tenha servido de intermediário entre eles. Por exemplo, pode-se estabelecer da maneira mais segura que a tendência ao suicídio varia como a tendência à instrução. Mas é impossível compreender como a instrução pode conduzir ao suicídio; tal explicação está em contradição com as leis da psicologia. A instrução, sobretudo reduzida aos conhecimentos elementares, não alcança senão as regiões mais superficiais da consciência; ao contrário, o instinto de conservação é uma de nossas tendências fundamentais. Portanto, ele não poderia ser sensivelmente afetado por um fenômeno tão distante e de tão fraca repercussão. Trata-se então de se perguntar se um e outro fato não seriam a consequência de um mesmo estado. Essa causa comum é o enfraquecimento do tradicionalismo religioso que reforça ao mesmo tempo a necessidade de saber e a tendência ao suicídio.

Mas existe uma outra razão que faz do método das variações concomitantes o instrumento por excelência das pesquisas sociológicas. Com efeito, mesmo quando as circunstâncias são mais favoráveis a eles, os outros métodos só podem ser empregados proveitosamente se o número dos fatos comparados for muito considerável. Se não se pode encontrar duas sociedades que não diferem ou que não se assemelham senão em um ponto, pode-se ao menos constatar que dois fatos ou se acompanham ou se excluem na maioria das vezes. Mas, para que essa constatação tenha um valor científico, é preciso que tenha sido feita um grande número de vezes; seria necessário estar quase seguro de que todos os fatos foram revisados. Ora, um inventário tão exaustivo não só não é possível, como também os fatos assim acumulados nunca podem ser estabelecidos com uma precisão suficiente, justamente porque são numerosos demais. Não só se corre o risco de omitir os que são essenciais e que contradizem aqueles que são conhecidos, como também não se tem certeza de realmente conhecer estes últimos. De fato, o que muitas vezes desacreditou os raciocínios dos sociólogos é que, como empregaram de preferência o método de concordância ou o de diferença, e sobretudo o primeiro, preocuparam-se mais em empilhar documentos do que em criticá-los e escolhê-los. Por isso acabam constantemente colocando no mesmo plano as observações confusas e rapidamente feitas dos viajantes e os textos precisos da história. Ao ver essas demonstrações não só não podemos deixar de dizer que um único fato poderia bastar para infirmá-los, mas os próprios fatos sobre os quais elas são estabelecidas nem sempre inspiram confiança.

O método das variações concomitantes não nos obriga nem a essas enumerações incompletas nem a essas observações superficiais. Para que dê resultados, bastam alguns fatos. Assim que se prova que, em um certo número de casos, os dois fenômenos variam, pode-se ter certeza de que se está diante de uma lei. Como não precisam ser numerosos, os documentos podem ser escolhidos e, além disso, estudados de perto pelo sociólogo que os emprega. Portanto ele poderá e, em seguida, deverá considerar como matéria principal de suas induções as sociedades cujas crenças, tradições, costumes e direito tomaram corpo em monumentos escritos e autênticos. Sem dúvida, ele não desdenhará as informações da etnografia (não existem fatos que possam ser desdenhados pelo erudito), mas as colocará em seu devido lugar. Em vez de torná-las o centro de gravidade de suas pesquisas, ele geralmente as utilizará apenas como complemento daquelas que deve à história ou, pelo menos, se empenhará para que estas últimas as confirmem. Desse modo, não só ele irá circunscrever a extensão de suas comparações com mais discernimento, mas as conduzirá com mais crítica; uma vez que, pelo simples fato de se prender a uma ordem restrita de fatos, ele poderá controlá-los com maior cuidado. É evidente que não precisará refazer o trabalho dos historiadores; mas também não pode receber passivamente e de quaisquer mãos as informações de que se serve.

Mas não é preciso pensar que a sociologia se encontra em um estado de sensível inferioridade em relação às outras ciências porque não pode se servir senão de um único procedimento experimental. Esse inconveniente é, com efeito, compensado pela riqueza das variações que se oferecem espontaneamente às comparações do sociólogo e da qual não se encontra nenhum exemplo nos outros reinos da natureza. As mudanças que ocorrem em um organismo no decorrer de uma existência individual são pouco numerosas e muito restritas; mesmo aquelas que podem ser provocadas artificialmente sem destruir a vida estão dentro de estreitos limites. É verdade que mudanças mais importantes se produziram no curso da evolução zoológica, mas de si mesmas deixaram apenas raros e obscuros vestígios, e é ainda mais difícil encontrar as condições que as determinaram. Ao contrário, a vida social é uma sequência ininterrupta de transformações, paralelas a outras transformações nas condições da existência coletiva; e à nossa disposição não temos só as que se relacionam a uma época recente, como também muitas daquelas pelas quais passaram os povos desaparecidos e que chegaram até nós. Apesar de suas lacunas, a história da humanidade é, aliás, mais clara e completa do que as das espécies animais. Além disso, existe uma variedade de fenômenos sociais que se produzem em toda a extensão da sociedade, mas que tomam formas diversas segundo as regiões, as profissões, as confissões etc. Como, por exemplo, o crime, o suicídio, a natalidade, a nupcialidade, a poupança etc. Da diversidade desses meios específicos resultam, para cada uma dessas ordens de fatos, novas séries de variações, além daquelas produzidas pela evolução histórica. Se então o sociólogo não pode empregar com uma igual eficácia todos os procedimentos da pesquisa experimental, o único método de que deve se servir, com a exclusão dos outros, pode, em suas mãos, ser muito fecundo, uma vez que, para colocá-lo em prática, ele conta com incomparáveis recursos.

Mas ele só produz os resultados que comporta se for praticado com rigor. Nada provamos quando, como ocorre com tanta frequência, contentamo-nos em mostrar com exemplos mais ou menos numerosos que, nesses casos esparsos, os fatos variaram de acordo com a hipótese. Dessas concordâncias esporádicas e fragmentárias não se pode tirar nenhuma conclusão geral. Ilustrar uma ideia não é demonstrá-la. O que é preciso é comparar não variações isoladas, mas séries de variações, regularmente constituídas, cujos termos se ligam uns aos outros por uma gradação tão contínua quanto possível, e que, além disso, sejam de uma extensão suficiente. Pois as variações de um fenômeno só permitem induzir sua lei se expressarem claramente a maneira como ele se desenvolve nas circunstâncias dadas. Ora, para isso é preciso que haja entre elas a mesma sequência que entre os diversos momentos de uma mesma evolução natural, e, além disso, que essa evolução que elas representam seja bastante prolongada para que seu sentido não seja duvidoso.

III

Mas a maneira como devem ser formadas essas séries difere segundo os casos. Elas podem incluir fatos emprestados ou de uma única e mesma sociedade – ou de várias sociedades de mesma espécie –, ou de várias espécies sociais distintas.

O primeiro procedimento pode bastar, a rigor, quando se trata de fatos de uma grande generalidade e sobre os quais temos informações estatísticas bastante extensas e variadas.

Por exemplo, ao comparar a curva que expressa a progressão do suicídio durante um período de tempo bastante longo, variações apresentadas pelo mesmo fenômeno conforme as províncias, as classes, os habitats rurais ou urbanos, o sexo, a idade, o estado civil etc., é possível, mesmo sem estender suas pesquisas para além de um único país, conseguir estabelecer verdadeiras leis, ainda que sempre seja preferível confirmar esses resultados com outras observações feitas em outros povos da mesma espécie. Mas só podemos nos contentar com comparações tão limitadas quando estudamos qualquer uma dessas correntes sociais que estão espalhadas por toda a sociedade, ainda que variem de um ponto a outro. Quando, pelo contrário, trata-se de uma instituição, de uma regra jurídica ou moral, de um costume organizado, que são os mesmos e funcionam da mesma maneira em toda a extensão do país e que só mudam com o tempo, não podemos nos limitar ao estudo de um único povo; pois teríamos então como matéria da prova só um único par de curvas paralelas, ou seja, as que expressam a progressão histórica do fenômeno considerado e da causa conjecturada, mas nessa mesma e única sociedade. Sem dúvida, mesmo esse único paralelismo, se for constante, já é um fato considerável, mas sozinho não poderia constituir uma demonstração.

Ao considerar vários povos de mesma espécie, dispomos já de um campo de comparação mais extenso. Primeiro, podemos confrontar a história de um com a dos outros e ver se, em cada um deles considerado isoladamente, o mesmo fenômeno evolui no tempo em função das mesmas condições. Depois, podemos estabelecer comparações entre esses diversos desenvolvimentos. Por exemplo, determinaremos a forma que o fato estudado toma nessas diferentes sociedades no momento em que chega a seu apogeu. Como elas são, ainda que pertençam ao mesmo tipo, individualidades distintas, essa forma não é a mesma em toda parte; ela é mais ou menos acentuada, segundo os casos. Teremos assim uma nova série de variações que serão comparadas àquela apresentada, no mesmo momento e em cada um desses países, pela condição presumida. Desse modo, depois de ter acompanhado a evolução da família patriarcal ao longo da história de Roma, de Atenas, de Esparta, classificaremos essas mesmas cidades segundo o grau máximo de desenvolvimento que esse tipo de vida familiar alcança em cada uma delas, e veremos em seguida se, em relação ao estado do meio social do qual ele parece depender de acordo com a primeira experiência, se elas se classificam ainda da mesma maneira.

Mas esse próprio método não pode se bastar. Ele só se aplica, com efeito, aos fenômenos que surgiram durante a vida dos povos comparados. Ora, uma sociedade não cria do zero sua organização; ela a recebe, em parte, já pronta daquelas que a precederam. Como o que lhe é assim transmitido, no decorrer de sua história, não é o produto de nenhum desenvolvimento, ele não pode ser explicado se não sairmos dos limites da espécie de que faz parte. Somente os acréscimos que se somam a esse fundo primitivo e o transformam podem ser tratados dessa maneira. Mas, quanto mais avançamos na escala social, mais os caracteres adquiridos por cada povo têm pouca relevância ao lado dos caracteres transmitidos. Essa é, aliás, a condição de todo progresso. Assim, os elementos novos que introduzimos no direito doméstico, no direito de propriedade, na moral, desde o início de nossa história, são relativamente pouco numerosos e pouco importantes, comparados aos que o passado nos legou. As novidades que então se produzem não poderiam, portanto, ser compreendidas se antes não tivéssemos estudado esses fenômenos mais fundamentais que são suas raízes, e eles só podem ser estudados com a ajuda de comparações muito mais extensas. Para poder explicar o estado atual da família, do casamento, da propriedade etc., seria preciso conhecer quais são suas origens, quais são os elementos simples de que essas instituições são compostas e, sobre esses pontos, a história comparada das grandes sociedades europeias não nos traria informações importantes. É preciso remontar mais acima.

Por conseguinte, para explicar uma instituição social, pertencente a uma espécie determinada, serão comparadas as formas diferentes que ela apresenta, não somente nos povos dessa espécie, mas em todas as espécies anteriores. Trata-se, por exemplo, da organização doméstica? Constituiremos primeiro o tipo mais rudimentar que já existiu, para em seguida acompanhar passo a passo a maneira como ele progressivamente se complicou. Esse método, que poderíamos chamar genético, forneceria a um só tempo a análise e a síntese do fenômeno. Pois, por um lado, ele nos mostraria em estado dissociado os elementos que o compõem, simplesmente porque poderíamos vê-los acrescentando-se sucessivamente uns aos outros e, ao mesmo tempo, graças a esse largo campo de comparação, ele seria muito mais capaz de determinar as condições de que dependem a formação e a associação desses elementos. *Portanto, só se pode explicar um fato social de alguma complexidade desde que se acompanhe seu desenvolvimento integral através de todas as espécies sociais.* A sociologia comparada não é um ramo particular da sociologia; é a própria sociologia na medida em que deixa de ser puramente descritiva e aspira a explicar os fatos.

No decurso dessas extensas comparações, muitas vezes se comete um erro que falseia seus resultados. Por vezes, para avaliar o sentido em que se desenvolvem os acontecimentos sociais, já aconteceu de simplesmente se comparar o que se passa no declínio de cada espécie com o que se produz no início da espécie seguinte. Ao proceder assim, considerou-se possível afirmar, por exemplo, que o enfraquecimento das crenças religiosas e de todo tradicionalismo jamais poderia passar de um fenômeno passageiro da vida dos povos, porque ele só aparece no último período de sua existência para cessar assim que uma nova evolução se inicia. Mas, com tal método, corre-se o risco de considerar como marcha regular e necessária do progresso o que é o efeito de uma causa bem diferente. Na verdade, o estado em que se encontra uma sociedade jovem não é o simples prolongamento do estado em que chegaram no final de sua carreira as sociedades que ela substitui, mas provém em parte dessa juventude mesma que impede que os produtos das experiências feitas pelos povos anteriores sejam todos imediatamente assimiláveis e utilizáveis. É assim que a criança recebe de seus pais faculdades e predisposições que só entram em jogo tardiamente em sua vida. É possível, portanto, para retomar o mesmo exemplo, que esse retorno do tradicionalismo que se observa no início de cada história deva-se, não ao fato de que um recuo do mesmo fenômeno nunca pode ser senão transitório, mas às condições especiais em que se encontra colocada toda sociedade que começa. A comparação só pode ser demonstrativa se se eliminar esse fator da idade que a perturba; para chegar a isso *bastará considerar as sociedades que são comparadas no mesmo período de seu desenvolvimento.* Desse modo, para saber em que sentido evolui um fenômeno social, a comparação será entre o que ele é durante a juventude de cada espécie com o que ele se torna durante a juventude da espécie seguinte, e se, de uma dessas etapas à outra, ele apresentar maior, menor ou igual intensidade, dir-se-á que ele progride, recua ou se mantém.

Conclusão

Em resumo, as características desse método são as seguintes.

Primeiro, ele é independente de toda filosofia. Como nasceu das grandes doutrinas filosóficas, a sociologia manteve o hábito de se apoiar em algum sistema ao qual ela se encontra assim solidária. Por isso ela foi sucessivamente positivista, evolucionista, espiritualista, ao passo que deve se contentar em ser simplesmente sociologia. Nós mesmos hesitaríamos em qualificá-la de naturalista, a menos que se queira com isso apenas indicar que ela considera os fatos sociais como explicáveis naturalmente, e, nesse caso, o epíteto é bastante inútil, uma vez que significa simplesmente que o sociólogo trabalha com ciência e não é um místico. Mas rejeitamos a palavra, se lhe dão um sentido doutrinal sobre a essência das coisas sociais, se, por exemplo, pretendem dizer que elas são redutíveis às outras forças cósmicas. A sociologia não deve tomar partido entre as grandes hipóteses que dividem os metafísicos. E menos ainda afirmar mais a liberdade do que o determinismo. Tudo que ela pede que lhe concedam é que o princípio de causalidade se aplique aos fenômenos sociais. Além disso, esse princípio é por ela apresentado não como uma necessidade racional, mas somente como um postulado empírico, produto de uma indução legítima. Uma vez que a lei da causalidade foi verificada nos outros reinos da natureza e que, progressivamente, ela estendeu seu domínio do mundo físico-químico ao mundo biológico, e deste ao mundo psicológico, reservamo-nos o direito de admitir que ela seja igualmente verdadeira para o mundo social; e é possível acrescentar hoje que as pesquisas empreendidas com base nesse postulado tendem a confirmá-lo. Mas a questão de saber se a natureza do vínculo causal exclui toda contingência nem por isso está resolvida.

No mais, a própria filosofia tem todo interesse nessa emancipação da sociologia. Pois, enquanto o sociólogo não se despojou o suficiente do filósofo, ele não considera as coisas sociais senão por seu lado mais geral, aquele pelo qual elas mais se assemelham às outras coisas do universo. Ora, se a sociologia assim concebida pode servir para ilustrar com fatos curiosos uma filosofia, ela não poderia enriquecê-la com novos pontos de vista, uma vez que nada aponta de novo no objeto que ela estuda. Mas, na realidade, se os fatos fundamentais dos outros reinos também se encontram no reino social, isso se dá sob formas específicas que fornecem uma melhor compreensão da natureza, pois elas são sua expressão mais elevada. Mas, para percebê-los sob esse aspecto, é preciso sair das generalidades e entrar no detalhe dos fatos. É assim que a sociologia, à medida que se especializar, fornecerá materiais mais originais para a reflexão filosófica. Com o que precede já se conseguiu entrever como noções essenciais, tais como as de espécie, de órgão, de função, de saúde e de doença, de causa e de fim, nela se apresentam sob novas perspectivas. Aliás, não estará a sociologia destinada a dar o devido destaque a uma ideia que bem poderia ser a base não só de uma psicologia, como também de toda uma filosofia: a ideia de associação?

Diante das doutrinas práticas, nosso método permite e exige a mesma independência. A sociologia, assim compreendida, não será nem individualista, nem comunista, nem socialista, no sentido dado vulgarmente a essas palavras. Por princípio, ela irá ignorar essas teorias, às quais não poderia reconhecer qualquer valor científico, uma vez que tendem diretamente, não a expressar os fatos, mas a reformá-los. Ao menos, se por elas se interessa, é na medida em que nelas vê fatos sociais que podem ajudá-la a compreender a realidade social ao manifestarem as necessidades que moldam a sociedade. Mas isso não significa que ela deva se desinteressar das questões práticas. Viu-se, pelo contrário, que nossa preocupação constante foi orientá-la para que ela possa ter resultados práticos. Ela encontra necessariamente esses problemas no final de suas pesquisas. Mas, como só se apresentam a ela nesse momento e como, portanto, emergem dos fatos e não das paixões, pode-se prever que eles devam se colocar para o sociólogo em termos bem diferentes do que para a multidão, e que as soluções, aliás parciais, que ele pode oferecer não poderiam coincidir exatamente com nenhuma daquelas determinadas pelos partidos. Desse ponto de vista, no entanto, a sociologia deve justamente consistir em nos libertar de todos os partidos, não tanto opondo uma doutrina às doutrinas, mas fazendo com que os espíritos, diante dessas questões, adotem uma atitude especial que apenas a ciência pode dar pelo contato direto com as coisas. Com efeito, somente ela pode ensinar a tratar com respeito, mas sem fetichismo, as instituições históricas, sejam elas quais forem, fazendo-nos perceber o que elas têm ao mesmo tempo de necessário e de provisório, sua força de resistência e sua infinita variabilidade.

Em segundo lugar, nosso método é objetivo. Está inteiramente dominado por essa ideia de que os fatos sociais são coisas e devem ser tratados como tais. Sem dúvida, esse princípio se encontra, sob uma forma um pouco diferente, na base das doutrinas de Comte e de Spencer. Mas esses grandes pensadores deram sua fórmula teórica, bem mais do que o colocaram em prática. Para que essa ideia não permanecesse letra morta não bastava promulgá-la; era preciso fazer dela a base de toda uma disciplina que conquistasse o erudito no momento em que ele abordasse o objeto de suas pesquisas e que sempre o acompanhasse em todos os seus movimentos. Nossa dedicação foi para instituir essa disciplina.

Mostramos como o sociólogo deveria descartar as noções antecipadas que tinha dos fatos para se colocar diante dos próprios fatos; como deveria alcançá-los por seus caracteres mais objetivos; como deveria exigir dos próprios fatos o meio de classificá-los em sãos ou em mórbidos; como, por fim, deveria utilizar o mesmo princípio não só nas explicações que tentava, como também na maneira como provava essas explicações. Pois, uma vez que se tem o sentimento de se estar em presença de coisas, nem se pensa mais em explicá-las por cálculos utilitários nem por raciocínios de qualquer espécie. Logo se compreende a distância que existe entre essas causas e seus efeitos. Uma coisa é uma força que só pode ser engendrada por outra força. Buscam-se, portanto, para explicar os fatos sociais, energias capazes de produzi-los. Não só as explicações são outras, como também são demonstradas de outra forma, ou melhor, é somente então que surge a necessidade de demonstrá-las. Se os fenômenos sociológicos não são senão sistemas de ideias objetivadas, explicá-los é repensá-los em sua ordem lógica, e essa explicação é por si só sua própria prova; quando muito pode haver razões para confirmá-la com alguns exemplos. Ao contrário, não há senão experiências metódicas capazes de arrancar das coisas o seu segredo.

Mas se consideramos os fatos sociais como coisas é como *coisas sociais*. Esse é o terceiro traço característico de nosso método de ser exclusivamente sociológico. Muitas vezes teve-se a impressão de que esses fenômenos, por causa de sua extrema complexidade, ou eram refratários à ciência, ou só podiam fazer parte dela reduzidos a suas condições elementares, sejam psíquicas, sejam orgânicas, isto é, despojados de sua natureza própria. Começamos, pelo contrário, por estabelecer que era possível tratá-los cientificamente sem nada lhes retirar de seus caracteres específicos. E até mesmo nos recusamos a reduzir essa imaterialidade *sui generis* que os caracteriza àquela, no entanto já complexa, dos fenômenos psicológicos; pela mais forte razão nos proibimos de absorvê-la, seguindo a escola italiana, nas propriedades gerais da matéria organizada[86]. Mostramos que um fato social só pode ser explicado por outro fato social e, ao mesmo tempo, mostramos como esse tipo de explicação é possível ao assinalarmos no meio social interno o motor principal da evolução coletiva. A sociologia não é, portanto, o anexo de nenhuma outra ciência; ela própria é uma ciência distinta e autônoma, e a percepção do que a realidade social tem de específico revela-se tão necessária ao sociólogo, que somente uma cultura especificamente sociológica pode prepará-lo para o entendimento dos fatos sociais.

Acreditamos que, de todos os progressos que restam a fazer em sociologia, este é o mais importante. Sem dúvida, quando uma ciência está nascendo, se é obrigado, para fazê-la, a se referir somente aos modelos que existem, ou seja, às ciências já formadas. Elas oferecem um tesouro de experiências prontas que seria insensato não aproveitar. Contudo, uma ciência só pode se

---

86. Não há, portanto, fundamento para qualificar nosso método de materialista.

considerar como definitivamente constituída quando conseguiu criar para si uma personalidade independente. Pois sua única razão de ser é ter como objeto uma ordem de fatos que as outras ciências não estudam. Mas é impossível que as mesmas noções possam convir identicamente a coisas de natureza diferente.

Esses nos parecem ser os princípios do método sociológico.

Esse conjunto de regras talvez pareça inutilmente complicado, se comparado aos procedimentos normalmente utilizados. Todo esse aparato de precauções pode parecer bem trabalhoso para uma ciência que, até agora, não exigia daqueles que a ela se consagravam senão alguma cultura geral e filosófica; e, de fato, é certo que a prática de tal método não poderia ter por efeito vulgarizar a curiosidade das coisas sociológicas. Quando, como condição de iniciação prévia, se pede às pessoas o abandono dos conceitos que costumam aplicar a uma ordem de coisas para repensá-las a partir do zero, não se pode esperar recrutar uma clientela numerosa. Mas esse não é o objetivo para o qual avançamos. Pelo contrário, acreditamos que, para a sociologia, chegou o momento de renunciar aos sucessos mundanos, por assim dizer, e de assumir o caráter esotérico que convém a toda ciência. Ela ganhará assim em dignidade e em autoridade o que perderá talvez em popularidade. Pois, enquanto permanecer misturada às lutas dos partidos, enquanto se contentar em elaborar, com mais lógica do que o homem comum, as ideias comuns e que, por conseguinte, não supuser nenhuma competência especial, ela não terá o direito de falar suficientemente alto para calar as paixões e os preconceitos. Certamente, ainda está longe o tempo em que ela poderá desempenhar esse papel de modo eficaz; no entanto, é para dar-lhe condições de um dia cumpri-lo que devemos, desde agora, trabalhar.

COLEÇÃO SOCIOLOGIA

- *A educação moral*
  Émile Durkheim
- *A pesquisa qualitativa*
  VV.AA.
- *Sociologia ambiental*
  John Hannigan
- *O poder em movimento*
  Sidney Tarrow
- *Quatro tradições sociológicas*
  Randall Collins
- *Introdução à Teoria dos Sistemas*
  Niklas Luhmann
- *Sociologia clássica – Marx, Durkheim, Weber*
  Carlos Eduardo Sell
- *O senso prático*
  Pierre Bourdieu
- *Comportamento em lugares públicos*
  Erving Goffman
- *A estrutura da ação social – Vols. I e II*
  Talcott Parsons
- *Ritual de interação*
  Erving Goffman
- *A negociação da intimidade*
  Viviana A. Zelizer
- *Os quadros da experiência social*
  Erving Goffman
- *Democracia*
  Charles Tilly
- *A representação do Eu na vida cotidiana*
  Erving Goffman
- *Sociologia da comunicação*
  Gabriel Cohn
- *A pesquisa sociológica*
  Serge Paugam (coord.)
- *Sentido da dialética – Marx: lógica e política - Tomo I*
  Ruy Fausto
- *Ética econômica das religiões mundiais – Vol. I*
  Max Weber

- *A emergência da teoria sociológica*
  Jonathan H. Turner, Leonard Beeghleye Charles H. Powers
- *Análise de classe – Abordagens*
  Erik Olin Wright
- *Símbolos, selves e realidade social*
  Kent L. Sandstrom, Daniel D. Martin e Gary Alan Fine
- *Sistemas sociais*
  Niklas Luhmann
- *O caos totalmente normal do amor*
  Ulrich Beck e Elisabeth Beck-Gernsheim
- *Lógicas da história*
  William H. Sewell Jr.
- *Manual de pesquisa qualitativa*
  Mario Cardano
- *Teoria social – Vinte lições introdutórias*
  Hans Joas e Wolfang Knöbl
- *A teoria das seleções cultural e social*
  W.G. Runciman
- *Teoria dos sistemas na prática – Vol. I - Estrutura social e semântica*
  Niklas Luhmann
- *Problemas centrais em teoria social*
  Anthony Giddens
- *A construção significativa do mundo social*
  Alfred Schütz
- *Teoria dos sistemas na prática – Vol. II - Diferenciação funcional e Modernidade*
  Niklas Luhmann
- *Questões de sociologia*
  Pierre Bourdieu
- *As regras do método sociológico*
  Émile Durkheim
- *Ética econômica das religiões mundiais – Vol. II*
  Max Weber